Team Almanach

Fußball

Team Almanach

Fußball

Unser Team, unsere Saison:

Das ganz individuelle Fußball-Jahrbuch

Dieses Buch gehört: _____

Verein / Mannschaft: _____

Spielzeit / Saison: _____

Bibliografische Information der Deutschen Nationalbibliothek:
Die Deutsche Nationalbibliothek verzeichnet diese Publikation in der Deutschen Nationalbibliografie; detaillierte bibliografische Daten sind im Internet über dnb.dnb.de abrufbar.

Herstellung und Verlag:
BoD – Books on Demand, Norderstedt, Germany

ISBN: 9783756816972

Inhaltsverzeichnis

Einleitung

„Die schönste Nebensache der Welt" – so wird der Fußball oft bezeichnet. Da überrascht es nicht, dass Millionen Menschen einen Großteil ihrer Freizeit aus Liebe zu diesem Sport auf dem Fußballplatz verbringen. Ob als Fan oder selbst aktiv spielend, als Coach, Co-Trainer oder Betreuer. Über 24.000 Vereine gibt es allein in Deutschland und dementsprechend ein Vielfaches an Mannschaften.

Dieses Büchlein soll zwei Zwecke erfüllen: Wenn Sie zum Kreis der Mannschaftsverantwortlichen – in erster Linie Trainer und Betreuer – gehören, soll es Ihnen als Planungs- und Arbeitshilfe während der Saison dienen. Auf einen Blick und ohne umständliches Hin- und Herklicken in unübersichtlichen Apps erkennen Sie sofort, mit welcher Aufstellung und Taktik Sie erfolgreich waren (und mit welcher weniger erfolgreich) und können auf dieser Grundlage bereits Ihre Strategie für die nächste Partie planen. Die Noten, die Sie Ihren Spielern geben, ermöglichen Ihnen über einen längeren Zeitraum einen ausgezeichneten Überblick über die Leistungsentwicklung jedes einzelnen Spielers. Am Ende der Saison verfügen Sie dann über eine komplette Übersicht der gesamten Spielzeit inklusive aller nennenswerten Ereignisse.

Zweitens erstellen Sie mit diesen Aufzeichnungen über die Jahre hinweg eine komplette Chronik Ihrer Laufbahn und der Laufbahn Ihrer Spieler. Dies ist nicht nur für Trainer und Mannschaftsbetreuer von Interesse, sondern auch für aktive Spieler selbst und nicht zuletzt auch für die Eltern von Jugendspielern, die deren junge Karriere begeistert verfolgen. Und auch für das Vereinsarchiv sind solche Jahrbücher von unschätzbarem Wert. So sammelt sich über die Zeit eine stattliche Bibliothek an, in der die gesamte Historie des Teams und des Vereins lebendig bleibt – und Tom's Hattrick im Topspiel wird auch in 20 Jahren unvergessen sein.

Dieses Buch enthält 50 vierseitige Spielerfassungsbögen und damit ausreichend Platz für eine gesamte Spielzeit inklusive dazugehöriger Vorbereitungs-, Test- und Freundschaftsspiele. Die Einzelspieler-Saisonstatistik am Ende dieses Buches gibt Ihnen einen ausgezeichneten Überblick über die gesamte Saisonleistung jedes Spielers Ihres Teams. Alles ohne Ladekabel, ohne Datenverlust und absolut absturzsicher.

Ich wünsche Ihnen viel Freude bei der Arbeit mit diesem Büchlein und ganz besonders viele großartige Erfolge, um sie auf diesen Seiten festzuhalten!

Anleitung Spielerfassungsbogen

Seite 1:
Spieldaten und personelle Aufstellung

Zunächst notieren Sie das Datum des Spiels sowie die Anstoßzeit. Als nächstes kreuzen Sie an, welchem Wettbewerb diese Begegnung zuzuordnen ist (Liga oder Pokal), oder ob es sich um ein Testspiel handelt. Handelt es sich um einen anderen Wettbewerb (beispielsweise um ein Vorbereitungsturnier o. Ä.), dann nutzen Sie hierfür das frei editierbare Feld.

Im Folgenden ergänzen Sie Spielort (Stadion/Spielstätte und Ort) sowie die Begegnung selbst, wobei die Heimmannschaft zuerst genannt wird. Direkt darunter finden sich die Felder für das End- bzw. Halbzeitresultat der Partie.

Unter der Überschrift „Aufstellung" notieren Sie die Startformation Ihres Teams mit Rückennummern und Namen. Die Übersicht enthält außerdem Felder für die Eintragung von Auswechslungen, Gelben, Gelb-Roten und Roten Karten. Tritt einer dieser Fälle ein, notieren Sie in dem jeweiligen Feld die Spielminute, in der das Ereignis stattgefunden hat. Nach Abschluss der Partie können Sie hier selbst Noten für jeden einzelnen Spieler vergeben. Dabei bietet es sich vor allem an, entweder Schulnoten zu verwenden oder aber mit Punktzahlen, beispielsweise von 0 – 10 zu arbeiten.

Die Auflistung der Reservespieler enthält dieselben Felder und wird identisch gehandhabt, lediglich das Feld für den Spielerwechsel bedeutet hier die Ein- anstatt der Auswechslung. Sollte der Ausnahmefall eintreten, dass ein zuvor eingewechselter Spieler während des Spiels wieder ausgewechselt werden sollte, können Sie den Namen des Spielers mit einen Sternchen kennzeichnen und dieses Sternchen im Feld „besondere Ereignisse" auf Seite 3 des Spielerfassungsbogens oder wahlweise im Spielbericht auf Seite 4 erklären. Außerdem wird jeder vorgenommene Spielerwechsel zusätzlich in der entsprechenden Rubrik auf Seite 3 verzeichnet.

Seite 2:
Spielsystem und taktische Aufstellung

In der Zeile „Spielsystem" tragen Sie das Spielsystem ein, mit dem die Anfangsformation Ihrer Mannschaft aufläuft, beispielsweise „3 – 5 – 2" oder „4 – 1 – 4 – 1". Sollte diese Formation während des Spiels geändert werden, so können Sie diese Information in Ihren Spielbericht auf Seite 4 aufnehmen. In der grafischen Spielfelddarstellung tragen Sie die Namen der einzelnen Spieler der Startformation auf genau den Positionen ein, die diese im Spiel einnehmen.

Seite 3:
Spielereignisse

Tore/Vorlagen
Hier tragen Sie die Torschützen Ihrer Mannschaft sowie die dazugehörigen Vorlagengeber ein. Bei Eigentoren des gegnerischen Teams vermerken Sie hier einfach „Eigentor". Bei Treffern ohne Vorlage durch einen eigenen Spieler bleibt das entsprechende Feld einfach leer. Am Ende der Zeile notieren Sie die Spielminute des Treffers. Sollte der Ausnahmefall eintreten, dass die vorhandenen Zeilen nicht für die Anzahl der erzielten Tore ausreichen, setzen Sie hinter der Überschrift „Tore/Vorlagen" ein Sternchen und setzen die Auflistung beginnend mit einem Sternchen im Spielbericht auf Seite 4 fort.

Auswechslungen
Notieren Sie die Spielminute der Auswechslung und die Namen der ein- bzw. ausgewechselten Spielakteure. Sollte der Ausnahmefall eintreten, dass (z. B. in Test-/Freundschaftsspielen) die vorhandenen Zeilen nicht für die Anzahl der Auswechslungen ausreichen, setzen Sie hinter der Überschrift „Auswechslungen" ein Sternchen und setzen die Auflistung beginnend mit einem Sternchen im

10

Spielbericht auf Seite 4 fort.

Verwarnungen
Hier tragen Sie die gegen Ihre Mannschaft ausgesprochenen Strafkarten ein. Dabei notieren Sie die Spielminute des Ereignisses, die Art der Verwarnung (GK = Gelbe Karte, G-R = Gelb-Rote Karte, RK = Rote Karte), den Namen des betroffenen Spielers und den Grund der Verwarnung, beispielsweise Foulspiel, Handspiel, Spielverzögerung oder Meckern. Sollte der vorhandene Platz nicht ausreichen, verfahren Sie einfach wie bereits bei den beiden vorgenannten Punkten beschrieben.

Besondere Ereignisse
Hier werden in erster Linie außergewöhnliche Ereignisse eingetragen, beispielsweise längere Spielunterbrechungen wegen Unwetters, verschossene Strafstöße und vieles mehr.

Seite 4:
Spielbericht

Hier finden Sie genügend Raum, um Ihre Zusammenfassung des Spiels aufzuzeichnen. Wo dabei Ihr persönlicher Fokus liegt, ist Ihre ganz freie Entscheidung. Sie können diese Seite nutzen, um den Spielverlauf zu schildern oder aber (z. B. als Trainer) sich der Einzelkritik Ihrer Spieler zu widmen. Editieren Sie Ihren persönlichen Spielbericht völlig frei. Außerdem können Sie diese Seite nutzen, um Spielereignisse, für die zuvor der Platz zu knapp war, hier niederzuschreiben, wie schon zuvor erwähnt.

Spiele-Verzeichnis

Tragen Sie die Begegnungen Ihres Teams in dieses Verzeichnis ein, um schnell und einfach Spiele nachschlagen zu können.

Spiele-Verzeichnis

Spiel	**Resultat**	**Seite**
	__ : __	150
	__ : __	154
	__ : __	158
	__ : __	162
	__ : __	166
	__ : __	170
	__ : __	174
	__ : __	178
	__ : __	182
	__ : __	186
	__ : __	190
	__ : __	194
	__ : __	198
	__ : __	202
	__ : __	206
	__ : __	210
	__ : __	214

Spielerfassungsbögen

Spieldatum: _____ **Anstoßzeit:** _____ : _____

☐ **Liga** ☐ **Pokal** **Spieltag/Runde:** _____

☐ **Testspiel** ☐ _____

Spielort: _____

Begegnung: _____ - _____

Ergebnis: _____ : _____

(Halbzeit) (_____ : _____)

Aufstellung:

Nr.	Name	Min▼	GK	G-R	RK	Note

Bank:

Nr.	Name	Min▲	GK	G-R	RK	Note

Taktische Aufstellung

Spielsystem: _____

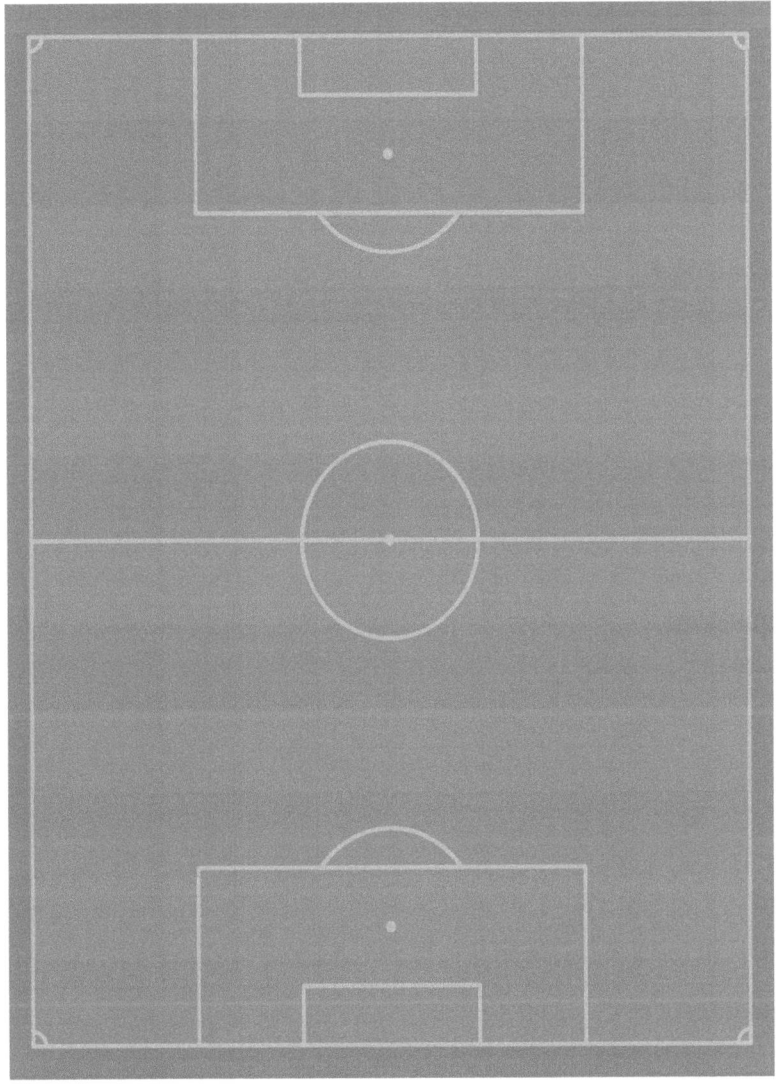

Tore/Vorlagen

Spielstand	Torschütze	Vorlage	SM

Auswechslungen:

SM	ausgewechselt	eingewechselt

Verwarnungen:

SM	GK/G-R/RK	Spieler	Grund

bes. Ereignisse:

20

<u>Spielbericht:</u>

Spieldatum: _____ **Anstoßzeit:** _____ : _____

☐ **Liga** ☐ **Pokal** **Spieltag/Runde:** _____

☐ **Testspiel** ☐ _____

Spielort: _____

Begegnung: _____ - _____

Ergebnis: _____ : _____
(Halbzeit) (_____ : _____)

Aufstellung:

Nr.	Name	Min▼	GK	G-R	RK	Note

Bank:

Nr.	Name	Min▲	GK	G-R	RK	Note

Taktische Aufstellung

Spielsystem: _____

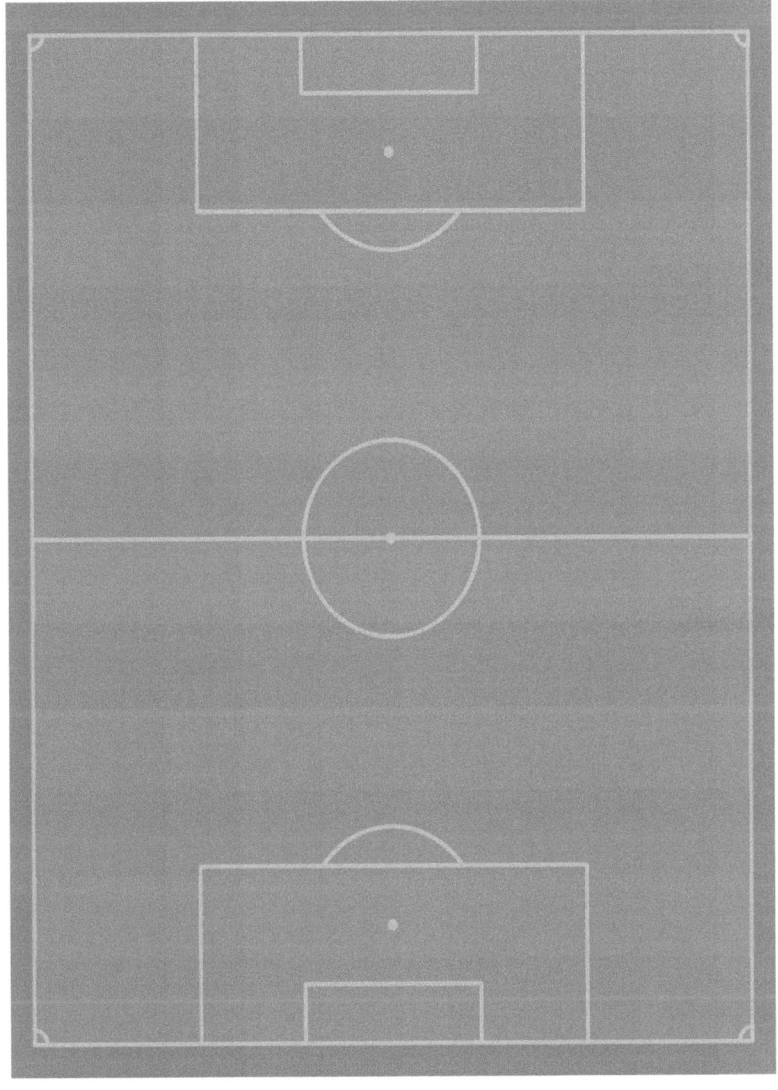

Tore/Vorlagen

Spielstand	Torschütze	Vorlage	SM

Auswechslungen:

SM	ausgewechselt	eingewechselt

Verwarnungen:

SM	GK/G-R/RK	Spieler	Grund

bes. Ereignisse:

_____

_____

_____

Spielbericht:

Spieldatum: _____ **Anstoßzeit:** _____ : _____

☐ **Liga** ☐ **Pokal** **Spieltag/Runde:** _____

☐ **Testspiel** ☐ _____

Spielort: _____

Begegnung: _____ - _____

Ergebnis: _____ : _____
(Halbzeit) (_____ : _____)

Aufstellung:

Nr.	Name	Min▼	GK	G-R	RK	Note

Bank:

Nr.	Name	Min▲	GK	G-R	RK	Note

26

Taktische Aufstellung

Spielsystem: _____

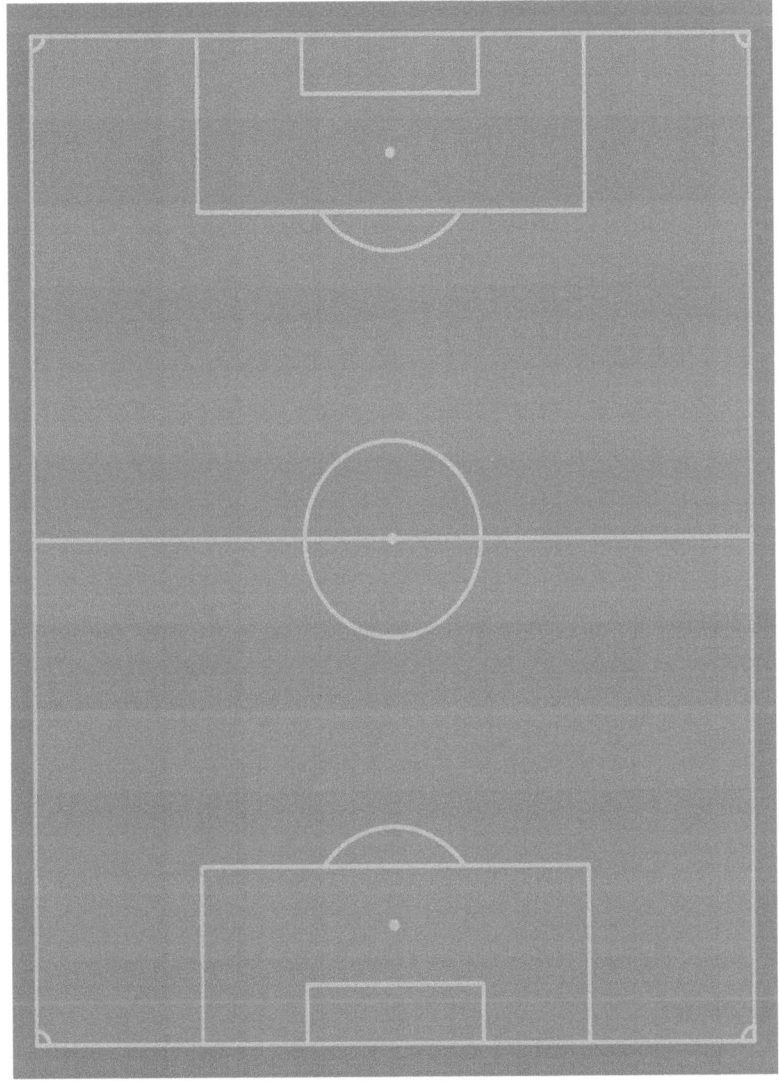

Tore/Vorlagen

Spielstand	Torschütze	Vorlage	SM

Auswechslungen:

SM	ausgewechselt	eingewechselt

Verwarnungen:

SM	GK/G-R/RK	Spieler	Grund

bes. Ereignisse:

_____

_____

_____

28

Spielbericht:

Spieldatum: _____   **Anstoßzeit:** _____ : _____

☐ **Liga**   ☐ **Pokal**   **Spieltag/Runde:** _____

☐ **Testspiel** ☐ _____

Spielort: _____

Begegnung: _____ - _____

Ergebnis: :

(Halbzeit)   (:   )

Aufstellung:

Nr.	Name	Min▼	GK	G-R	RK	Note

Bank:

Nr.	Name	Min▲	GK	G-R	RK	Note

Taktische Aufstellung

Spielsystem: _____

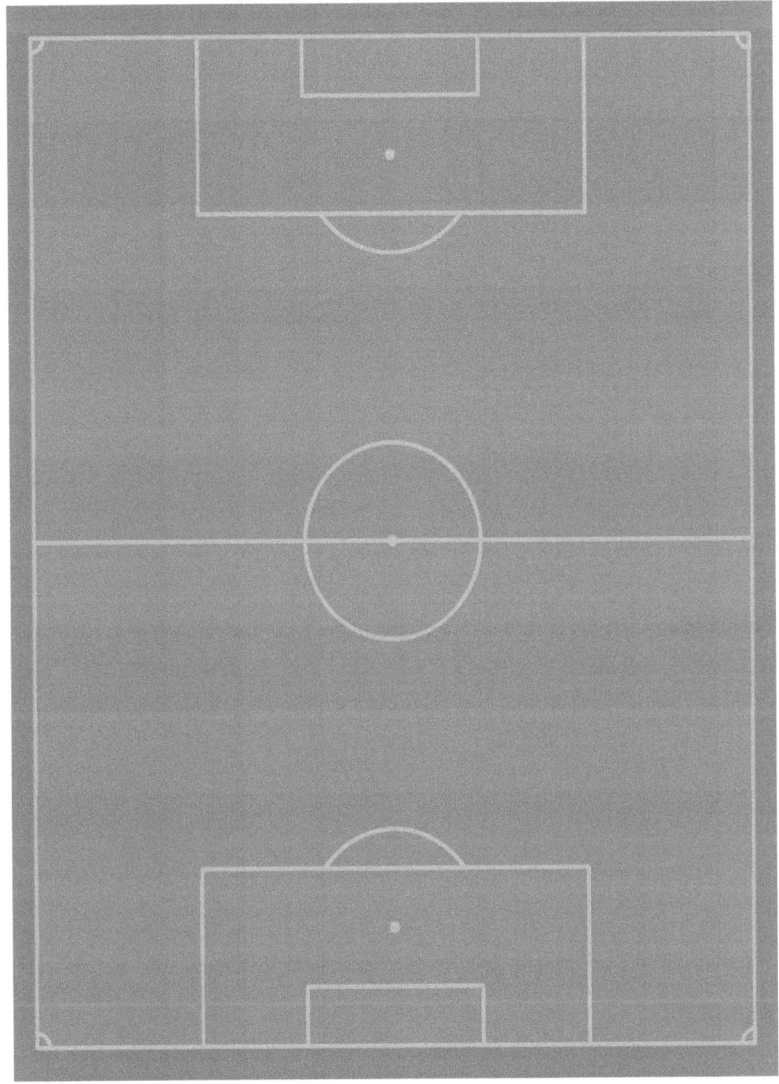

Tore/Vorlagen

Spielstand	Torschütze	Vorlage	SM

Auswechslungen:

SM	ausgewechselt	eingewechselt

Verwarnungen:

SM	GK/G-R/RK	Spieler	Grund

bes. Ereignisse:

32

<u>Spielbericht:</u>

Spieldatum: _____   **Anstoßzeit:** _____ : _____

☐ **Liga**   ☐ **Pokal**   **Spieltag/Runde:** _____

☐ **Testspiel**   ☐   _____

Spielort: _____

Begegnung: _____ - _____

Ergebnis: :

(Halbzeit)   (:   )

Aufstellung:

Nr.	Name	Min▼	GK	G-R	RK	Note

Bank:

Nr.	Name	Min▲	GK	G-R	RK	Note

Taktische Aufstellung

Spielsystem: _____

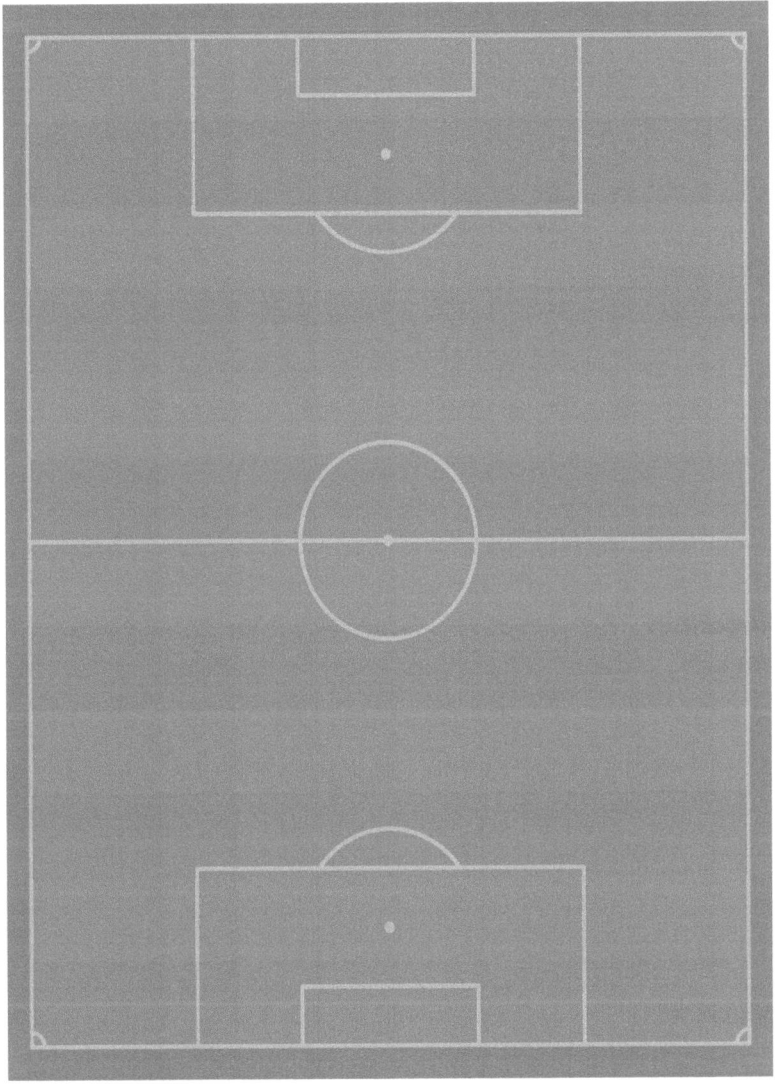

Tore/Vorlagen

Spielstand	Torschütze	Vorlage	SM

Auswechslungen:

SM	ausgewechselt	eingewechselt

Verwarnungen:

SM	GK/G-R/RK	Spieler	Grund

bes. Ereignisse:

Spielbericht:

Spieldatum: _____   **Anstoßzeit:** _____ : _____

☐ **Liga**   ☐ **Pokal**   **Spieltag/Runde:** _____

☐ **Testspiel**   ☐   _____

Spielort: _____

Begegnung: _____ - _____

Ergebnis: _____ : _____

(Halbzeit) (_____ : _____)

Aufstellung:

Nr.	Name	Min▼	GK	G-R	RK	Note

Bank:

Nr.	Name	Min▲	GK	G-R	RK	Note

Taktische Aufstellung

Spielsystem: _____

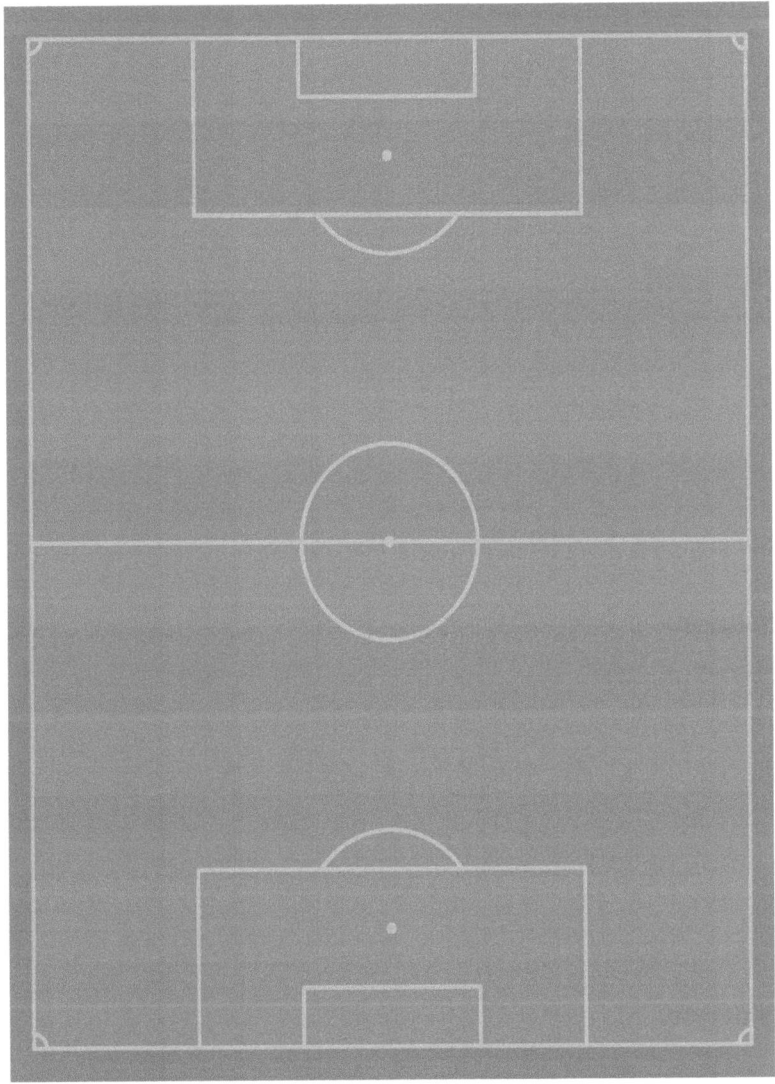

Tore/Vorlagen

Spielstand	Torschütze	Vorlage	SM

Auswechslungen:

SM	ausgewechselt	eingewechselt

Verwarnungen:

SM	GK/G-R/RK	Spieler	Grund

bes. Ereignisse:

Spielbericht:

Spieldatum: _____   **Anstoßzeit:** _____ : _____

☐ **Liga**   ☐ **Pokal**   **Spieltag/Runde:** _____

☐ **Testspiel** ☐   _____

Spielort: _____

Begegnung: _____ - _____

Ergebnis: :

(Halbzeit)   (:   )

Aufstellung:

Nr.	Name	Min▼	GK	G-R	RK	Note

Bank:

Nr.	Name	Min▲	GK	G-R	RK	Note

Taktische Aufstellung

Spielsystem: _____

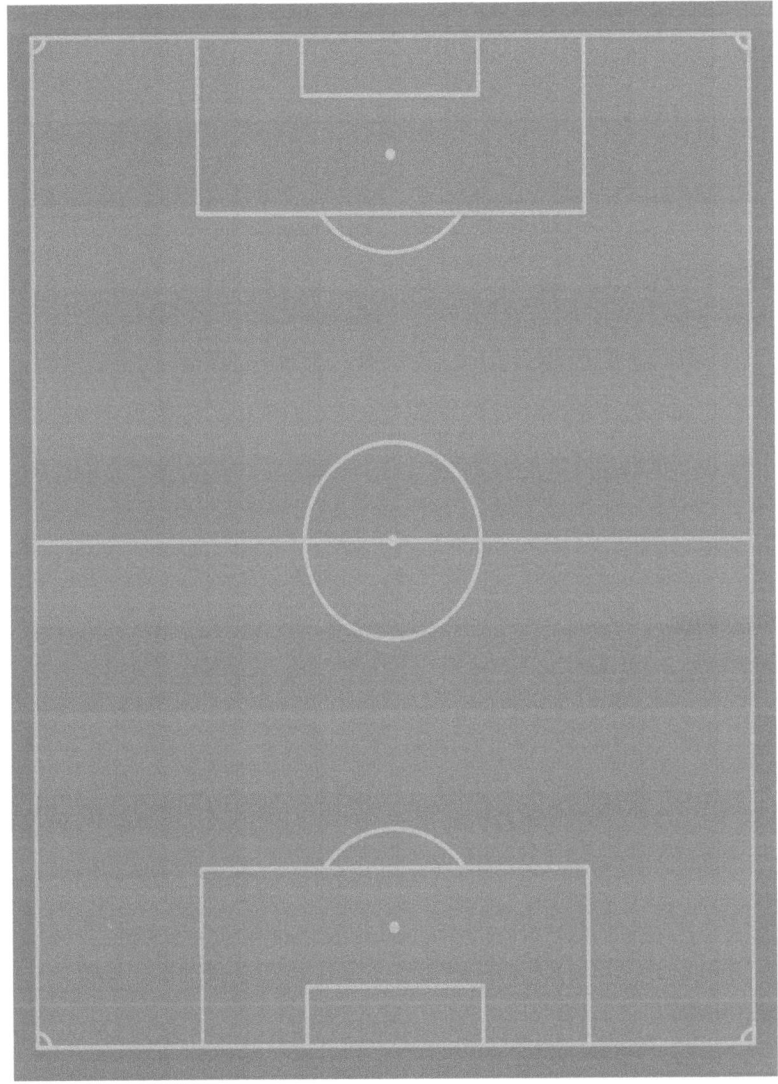

Tore/Vorlagen

Spielstand	Torschütze	Vorlage	SM

Auswechslungen:

SM	ausgewechselt	eingewechselt

Verwarnungen:

SM	GK/G-R/RK	Spieler	Grund

bes. Ereignisse:

Spielbericht:

Spieldatum: _____   **Anstoßzeit:** _____ : _____

☐ **Liga**   ☐ **Pokal**   **Spieltag/Runde:** _____

☐ **Testspiel** _____

Spielort: _____

Begegnung: _____ - _____

Ergebnis: _____ : _____

(Halbzeit) (_____ : _____)

Aufstellung:

Nr.	Name	Min▼	GK	G-R	RK	Note

Bank:

Nr.	Name	Min▲	GK	G-R	RK	Note

Taktische Aufstellung

Spielsystem: _____

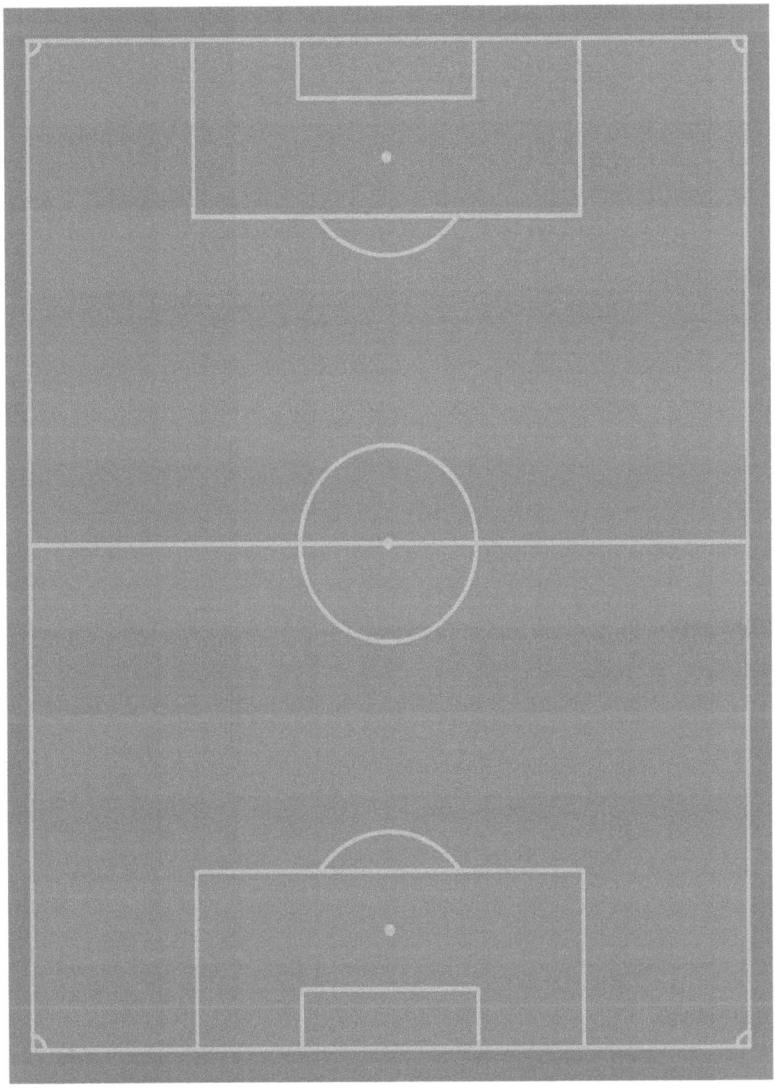

Tore/Vorlagen

Spielstand	Torschütze	Vorlage	SM

Auswechslungen:

SM	ausgewechselt	eingewechselt

Verwarnungen:

SM	GK/G-R/RK	Spieler	Grund

bes. Ereignisse:

48

Spielbericht:

Spieldatum: _____ **Anstoßzeit:** _____ : _____

☐ **Liga** ☐ **Pokal** **Spieltag/Runde:** _____

☐ **Testspiel** _____

Spielort: _____

Begegnung: _____ - _____

Ergebnis: _____ : _____

(Halbzeit) (_____ : _____)

Aufstellung:

Nr.	Name	Min▼	GK	G-R	RK	Note

Bank:

Nr.	Name	Min▲	GK	G-R	RK	Note

Taktische Aufstellung

Spielsystem: _____

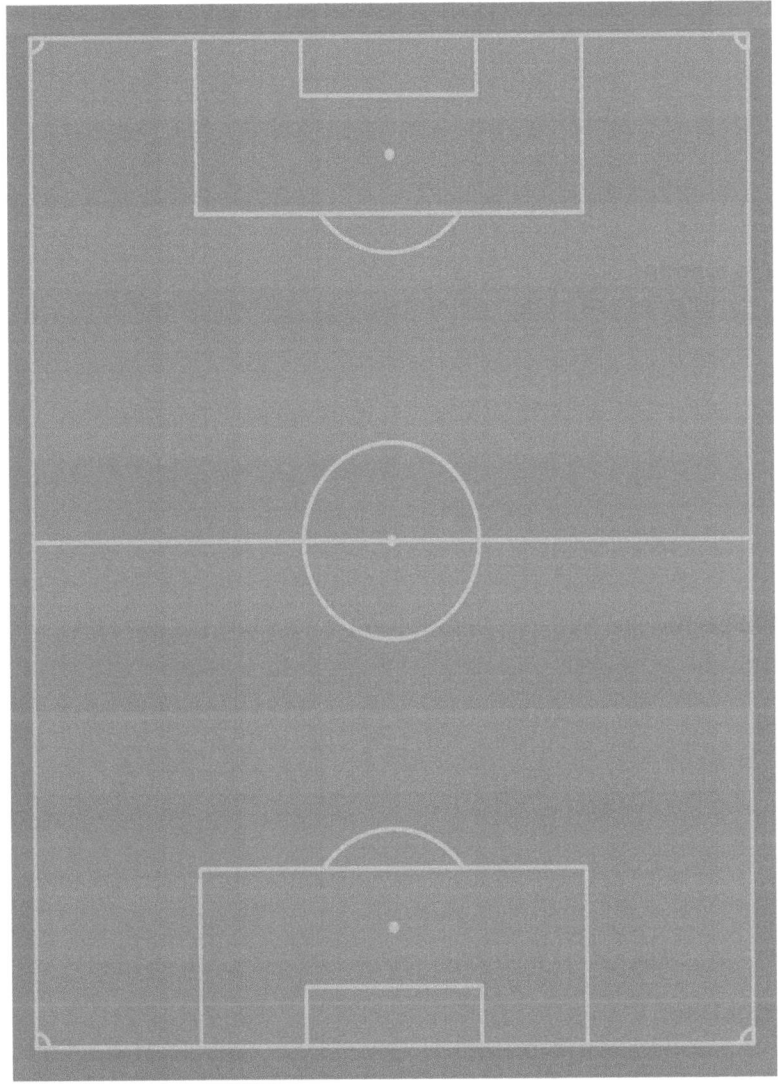

Tore/Vorlagen

Spielstand	Torschütze	Vorlage	SM

Auswechslungen:

SM	ausgewechselt	eingewechselt

Verwarnungen:

SM	GK/G-R/RK	Spieler	Grund

bes. Ereignisse:

52

Spielbericht:

Spieldatum: _____   **Anstoßzeit:** _____ : _____

☐ **Liga**   ☐ **Pokal**   **Spieltag/Runde:** _____

☐ **Testspiel** ☐   _____

Spielort: _____

Begegnung: _____ - _____

Ergebnis: :

(Halbzeit)   (:   )

Aufstellung:

Nr.	Name	Min▼	GK	G-R	RK	Note

Bank:

Nr.	Name	Min▲	GK	G-R	RK	Note

Taktische Aufstellung

Spielsystem: _____

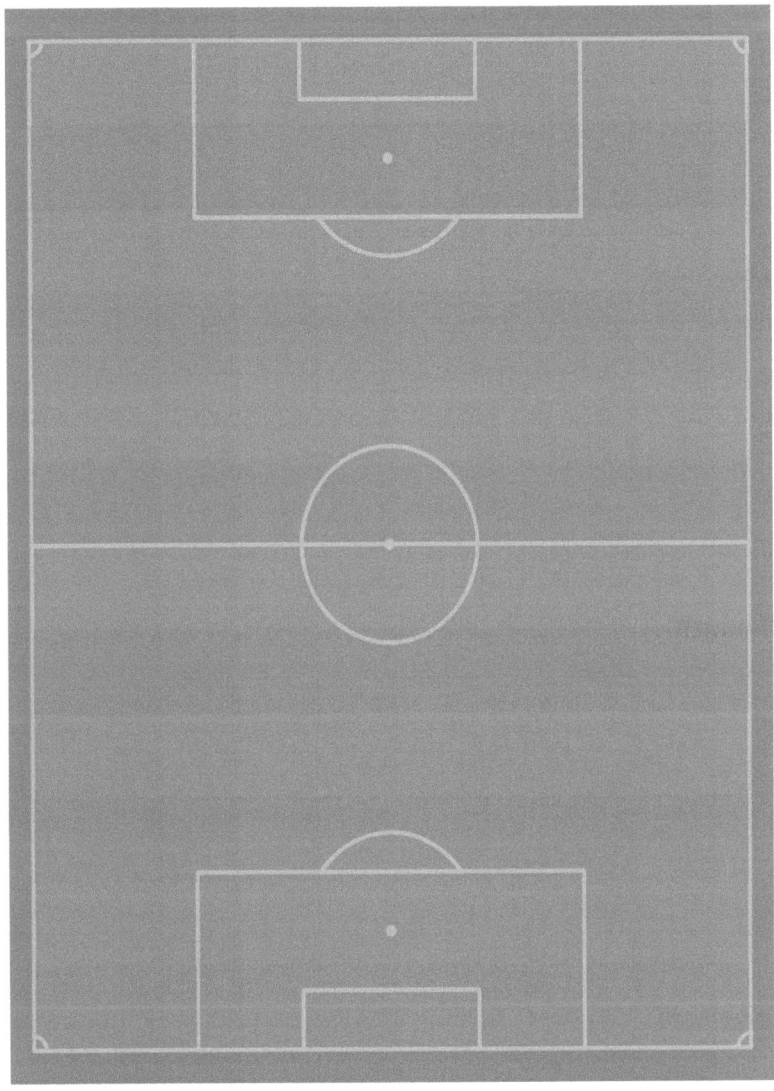

Tore/Vorlagen

Spielstand	Torschütze	Vorlage	SM

Auswechslungen:

SM	ausgewechselt	eingewechselt

Verwarnungen:

SM	GK/G-R/RK	Spieler	Grund

bes. Ereignisse:

_____

_____

_____

56

Spielbericht:

Spieldatum: _____   **Anstoßzeit:** _____ : _____

☐   **Liga**   ☐   **Pokal**   **Spieltag/Runde:** _____

☐   **Testspiel**   ☐   _____

Spielort: _____

Begegnung: _____ - _____

Ergebnis: :

(Halbzeit)   (:   )

Aufstellung:

Nr.	Name	Min▼	GK	G-R	RK	Note

Bank:

Nr.	Name	Min▲	GK	G-R	RK	Note

58

Taktische Aufstellung

Spielsystem: _____

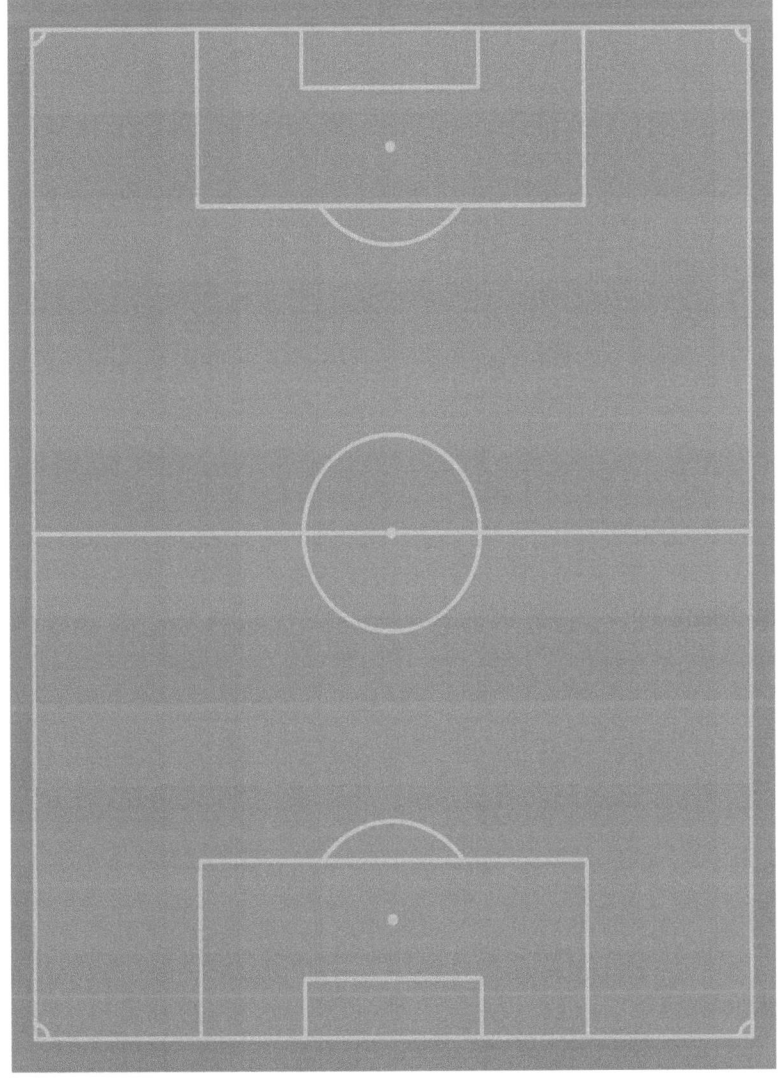

Tore/Vorlagen

Spielstand	Torschütze	Vorlage	SM

Auswechslungen:

SM	ausgewechselt	eingewechselt

Verwarnungen:

SM	GK/G-R/RK	Spieler	Grund

bes. Ereignisse:

Spielbericht:

Spieldatum: _____   **Anstoßzeit:** _____ : _____

☐ **Liga**   ☐ **Pokal**   **Spieltag/Runde:** _____

☐ **Testspiel**   ☐   _____

Spielort: _____

Begegnung: _____ - _____

Ergebnis: _____ : _____

(Halbzeit) (_____ : _____)

Aufstellung:

Nr.	Name	Min▼	GK	G-R	RK	Note

Bank:

Nr.	Name	Min▲	GK	G-R	RK	Note

Taktische Aufstellung

Spielsystem: _____

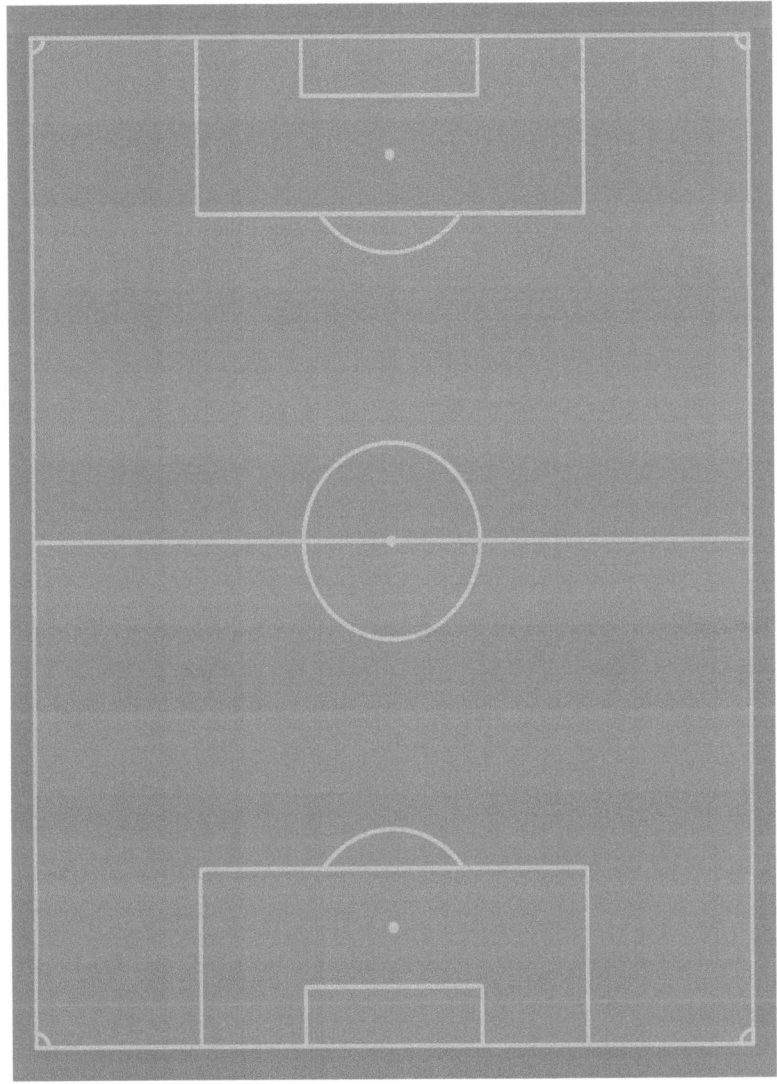

Tore/Vorlagen

Spielstand	Torschütze	Vorlage	SM

Auswechslungen:

SM	ausgewechselt	eingewechselt

Verwarnungen:

SM	GK/G-R/RK	Spieler	Grund

bes. Ereignisse:

Spielbericht:

Spieldatum: _____   **Anstoßzeit:** _____ : _____

☐ **Liga**   ☐ **Pokal**   **Spieltag/Runde:** _____

☐ **Testspiel** ☐   _____

Spielort: _____

Begegnung: _____ - _____

Ergebnis: :

(Halbzeit)   (:   )

Aufstellung:

Nr.	Name	Min▼	GK	G-R	RK	Note

Bank:

Nr.	Name	Min▲	GK	G-R	RK	Note

Taktische Aufstellung

Spielsystem: _____

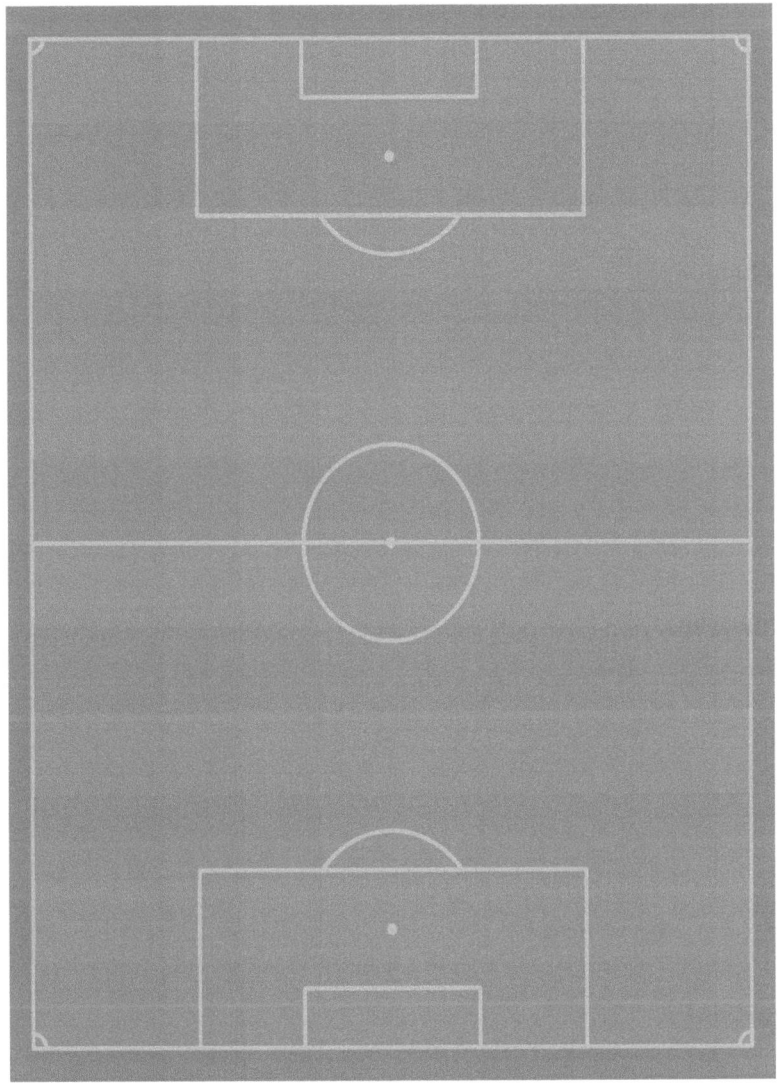

Tore/Vorlagen

Spielstand	Torschütze	Vorlage	SM

Auswechslungen:

SM	ausgewechselt	eingewechselt

Verwarnungen:

SM	GK/G-R/RK	Spieler	Grund

bes. Ereignisse:

68

Spielbericht:

Spieldatum: _____   **Anstoßzeit:** _____ : _____

☐ **Liga**   ☐ **Pokal**   **Spieltag/Runde:** _____

☐ **Testspiel**   _____

Spielort: _____

Begegnung: _____ - _____

Ergebnis: _____ : _____

(Halbzeit) (_____ : _____)

Aufstellung:

Nr.	Name	Min▼	GK	G-R	RK	Note

Bank:

Nr.	Name	Min▲	GK	G-R	RK	Note

Taktische Aufstellung

Spielsystem: _____

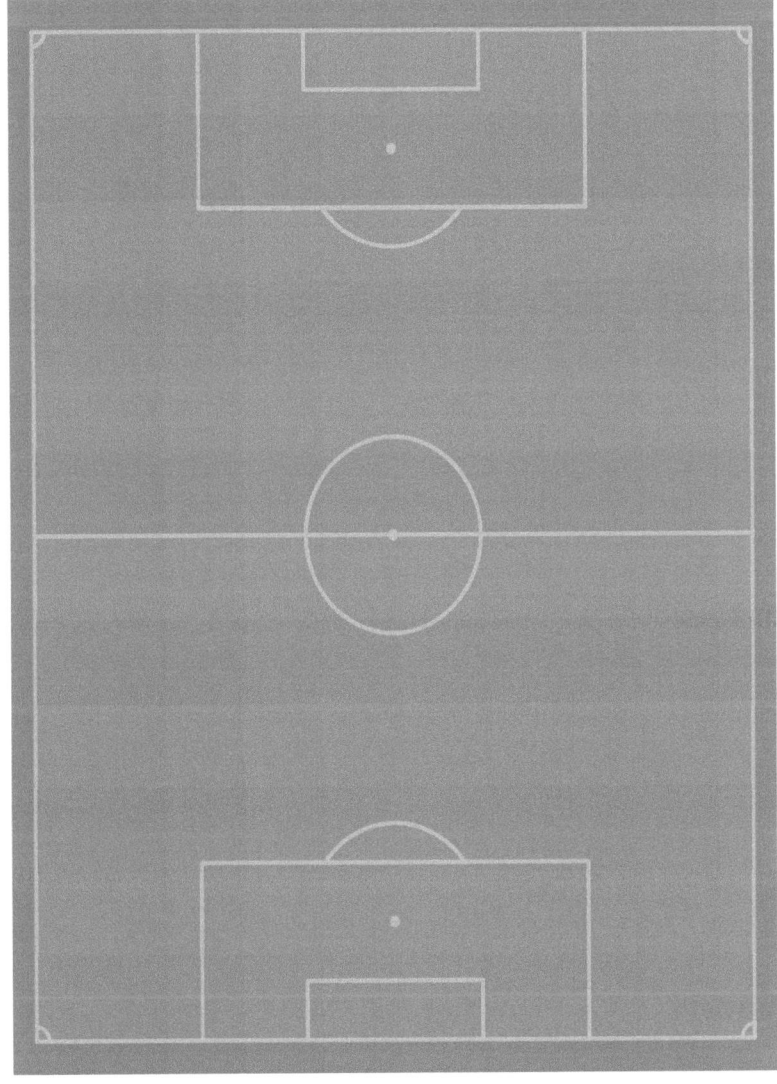

Tore/Vorlagen

Spielstand	Torschütze	Vorlage	SM

Auswechslungen:

SM	ausgewechselt	eingewechselt

Verwarnungen:

SM	GK/G-R/RK	Spieler	Grund

bes. Ereignisse:

Spielbericht:

Spieldatum: _____   **Anstoßzeit:** _____ : _____

☐ **Liga**   ☐ **Pokal**   **Spieltag/Runde:** _____

☐ **Testspiel**   _____

Spielort: _____

Begegnung: _____ - _____

Ergebnis: :

(Halbzeit) (:)

Aufstellung:

Nr.	Name	Min▼	GK	G-R	RK	Note

Bank:

Nr.	Name	Min▲	GK	G-R	RK	Note

74

Taktische Aufstellung

Spielsystem: _____

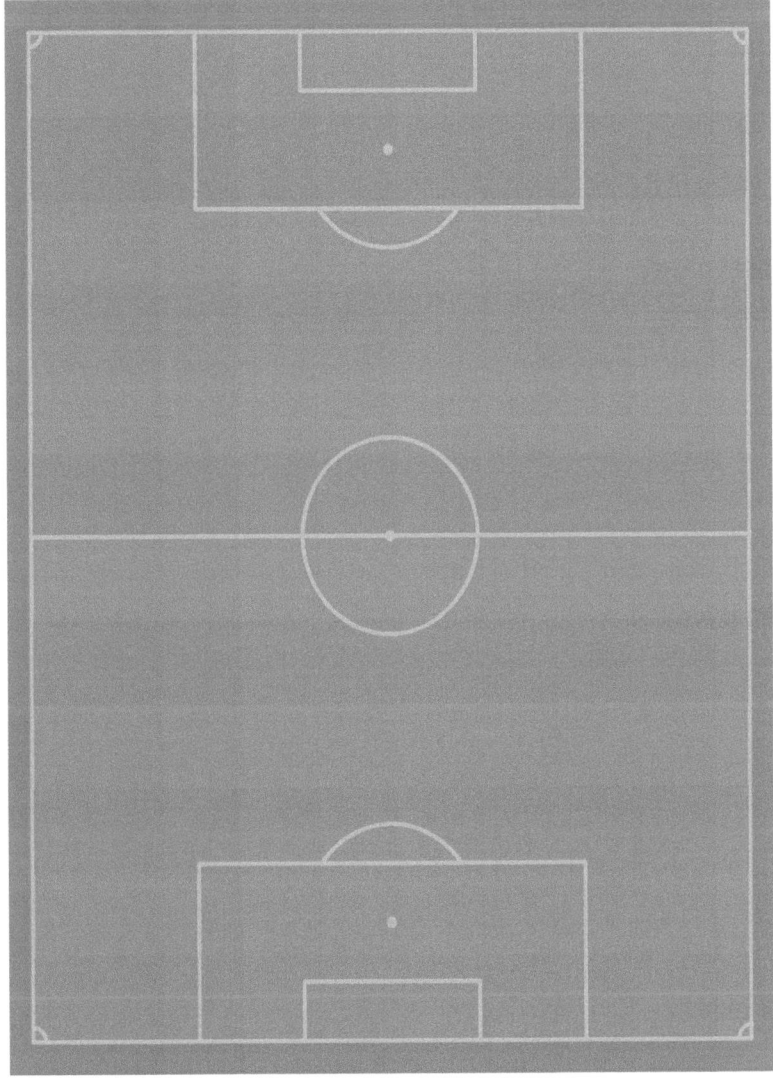

Tore/Vorlagen

Spielstand	Torschütze	Vorlage	SM

Auswechslungen:

SM	ausgewechselt	eingewechselt

Verwarnungen:

SM	GK/G-R/RK	Spieler	Grund

bes. Ereignisse:

76

Spielbericht:

Spieldatum: _____ **Anstoßzeit:** _____ : _____

☐ **Liga** ☐ **Pokal** **Spieltag/Runde:** _____

☐ **Testspiel** _____

Spielort: _____

Begegnung: _____ - _____

Ergebnis: :

(Halbzeit) (:)

Aufstellung:

Nr.	Name	Min▼	GK	G-R	RK	Note

Bank:

Nr.	Name	Min▲	GK	G-R	RK	Note

Taktische Aufstellung

Spielsystem: _____

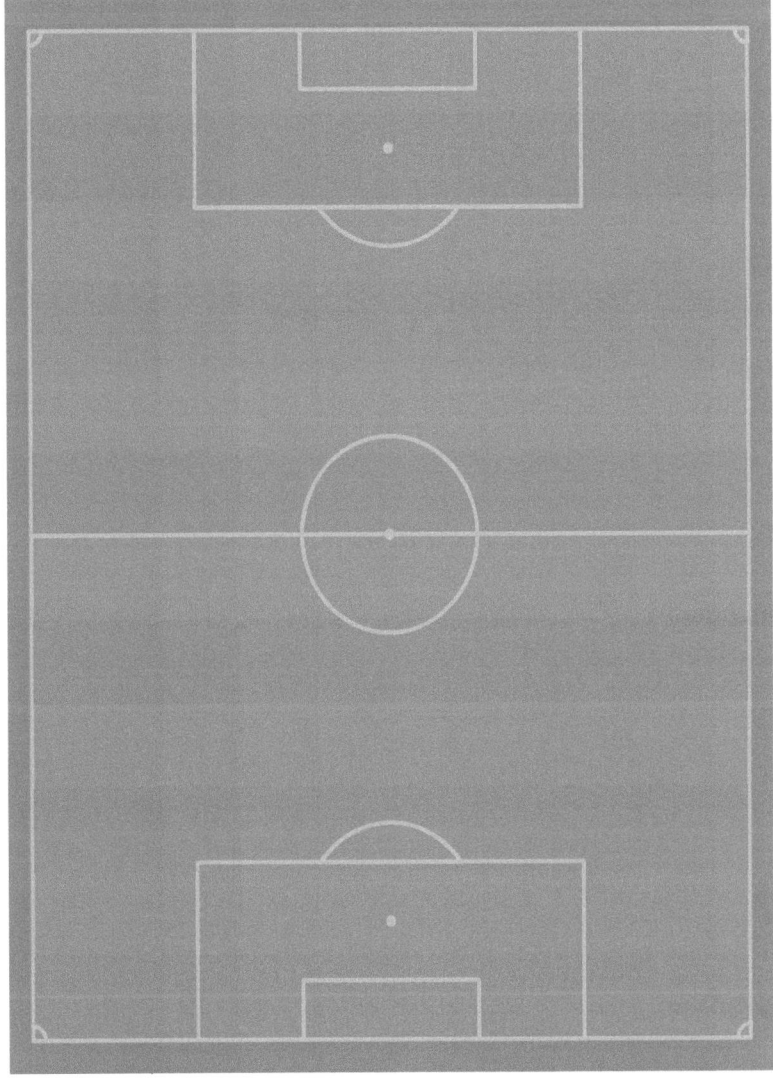

Tore/Vorlagen

Spielstand	Torschütze	Vorlage	SM

Auswechslungen:

SM	ausgewechselt	eingewechselt

Verwarnungen:

SM	GK/G-R/RK	Spieler	Grund

bes. Ereignisse:

Spielbericht:

Spieldatum: _____ **Anstoßzeit:** _____ : _____

☐ **Liga** ☐ **Pokal** **Spieltag/Runde:** _____

☐ **Testspiel** ☐ _____

Spielort: _____

Begegnung: _____ - _____

Ergebnis: :

(Halbzeit)   (:   )

Aufstellung:

Nr.	Name	Min▼	GK	G-R	RK	Note

Bank:

Nr.	Name	Min▲	GK	G-R	RK	Note

Taktische Aufstellung

Spielsystem: _____

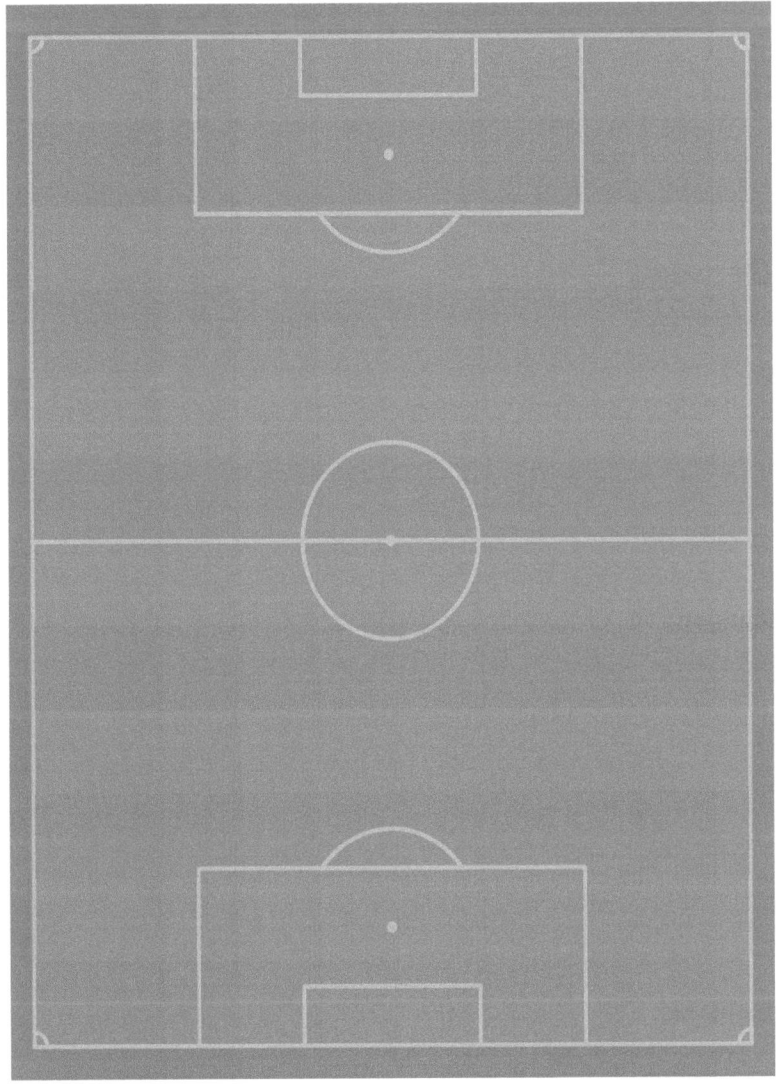

Tore/Vorlagen

Spielstand	Torschütze	Vorlage	SM

Auswechslungen:

SM	ausgewechselt	eingewechselt

Verwarnungen:

SM	GK/G-R/RK	Spieler	Grund

bes. Ereignisse:

Spielbericht:

Spieldatum: _____   **Anstoßzeit:** _____ : _____

☐ **Liga**   ☐ **Pokal**   **Spieltag/Runde:** _____

☐ **Testspiel**   ☐   _____

Spielort: _____

Begegnung: _____ - _____

Ergebnis: :
(Halbzeit)   (:   )

Aufstellung:

Nr.	Name	Min▼	GK	G-R	RK	Note

Bank:

Nr.	Name	Min▲	GK	G-R	RK	Note

Taktische Aufstellung

Spielsystem: _____

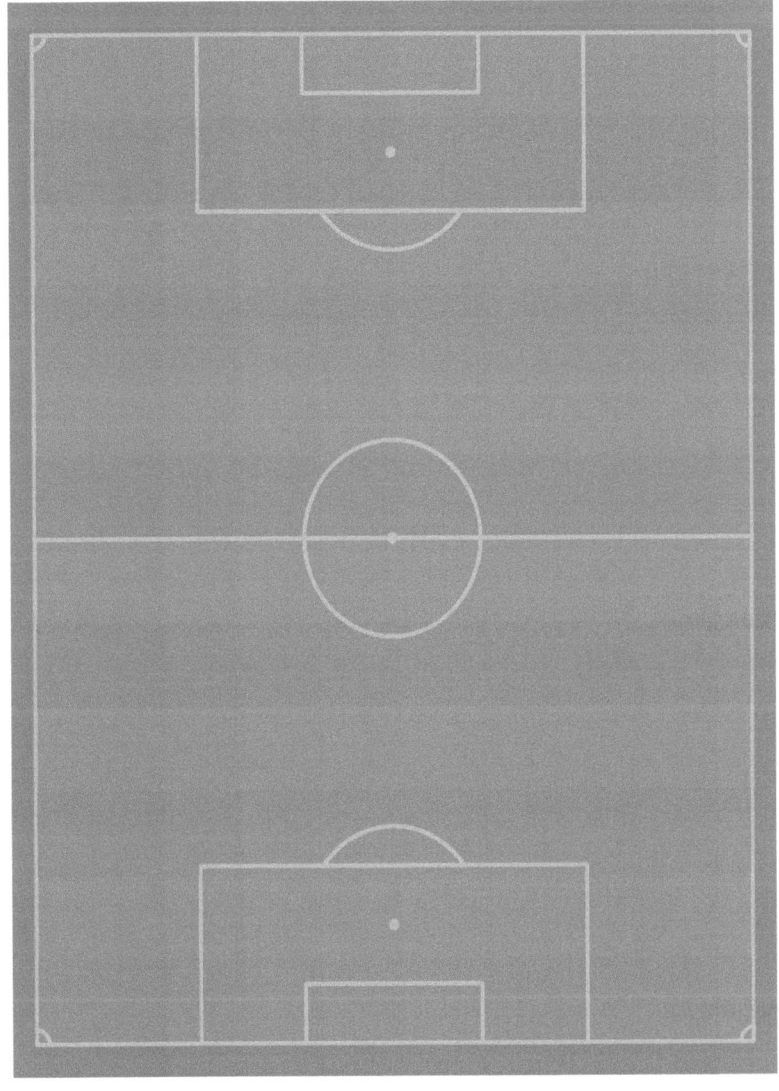

Tore/Vorlagen

Spielstand	Torschütze	Vorlage	SM

Auswechslungen:

SM	ausgewechselt	eingewechselt

Verwarnungen:

SM	GK/G-R/RK	Spieler	Grund

bes. Ereignisse:

Spielbericht:

Spieldatum: _____   **Anstoßzeit:** _____ : _____

☐ **Liga**   ☐ **Pokal**   **Spieltag/Runde:** _____

☐ **Testspiel**   ☐   _____

Spielort: _____

Begegnung: _____ - _____

Ergebnis: :

(Halbzeit)   (:   )

Aufstellung:

Nr.	Name	Min▼	GK	G-R	RK	Note

Bank:

Nr.	Name	Min▲	GK	G-R	RK	Note

Taktische Aufstellung

Spielsystem: _____

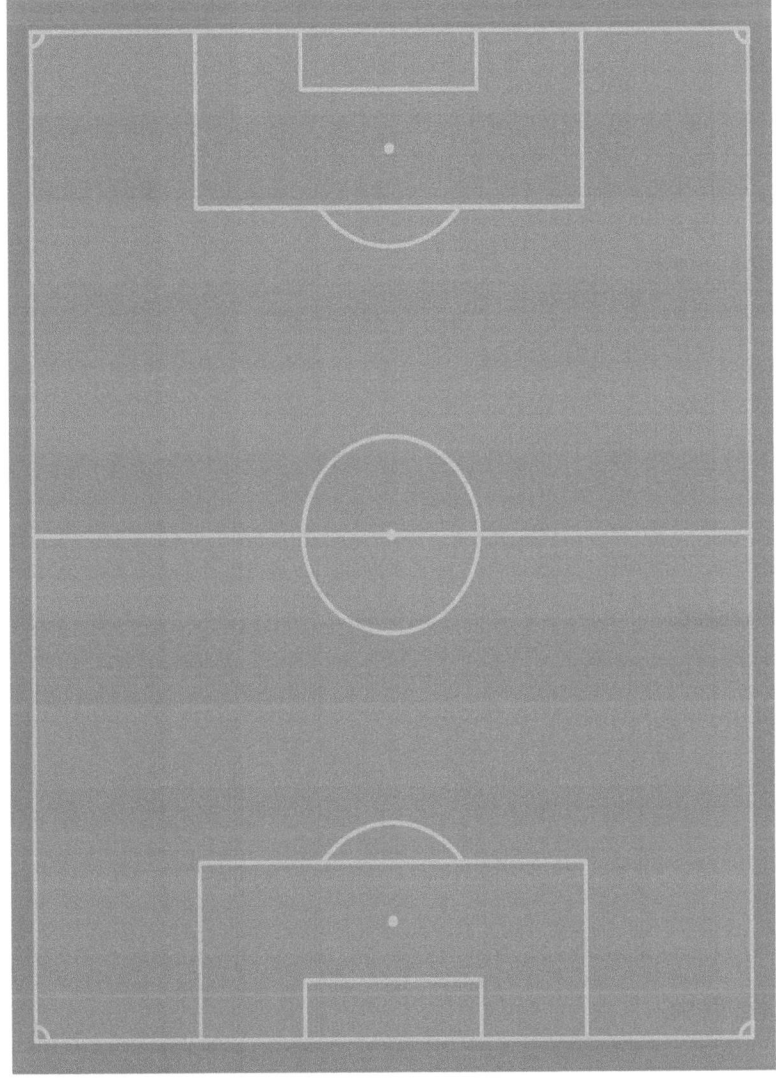

Tore/Vorlagen

Spielstand	Torschütze	Vorlage	SM

Auswechslungen:

SM	ausgewechselt	eingewechselt

Verwarnungen:

SM	GK/G-R/RK	Spieler	Grund

bes. Ereignisse:

Spielbericht:

Spieldatum: _____   **Anstoßzeit:** _____ : _____

☐ **Liga**   ☐ **Pokal**   **Spieltag/Runde:** _____

☐ **Testspiel**   ☐   _____

Spielort: _____

Begegnung: _____ - _____

Ergebnis: :

(Halbzeit)   (:   )

Aufstellung:

Nr.	Name	Min▼	GK	G-R	RK	Note

Bank:

Nr.	Name	Min▲	GK	G-R	RK	Note

Taktische Aufstellung

Spielsystem: _____

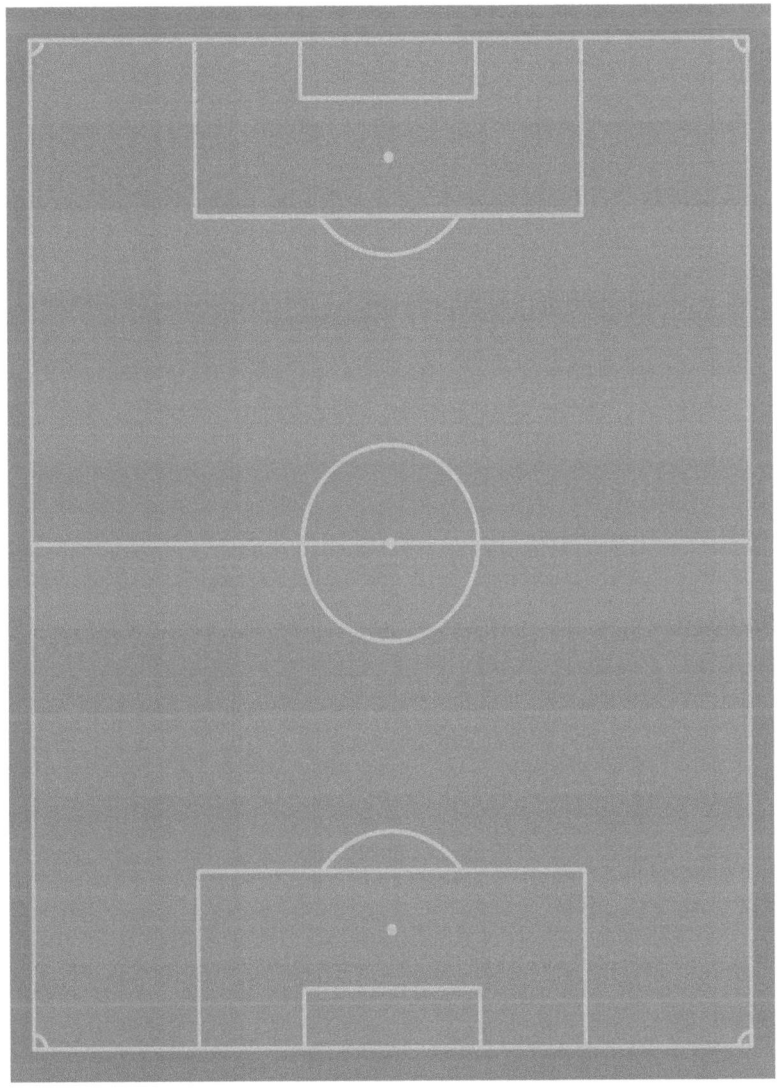

Tore/Vorlagen

Spielstand	Torschütze	Vorlage	SM

Auswechslungen:

SM	ausgewechselt	eingewechselt

Verwarnungen:

SM	GK/G-R/RK	Spieler	Grund

bes. Ereignisse:

Spielbericht:

Spieldatum: _____ **Anstoßzeit:** _____ : _____

☐ **Liga**   ☐ **Pokal**   **Spieltag/Runde:** _____

☐ **Testspiel**   ☐   _____

Spielort: _____

Begegnung: _____ - _____

Ergebnis: :
(Halbzeit)   (:   )

Aufstellung:

Nr.	Name	Min▼	GK	G-R	RK	Note

Bank:

Nr.	Name	Min▲	GK	G-R	RK	Note

98

Taktische Aufstellung

Spielsystem: _____

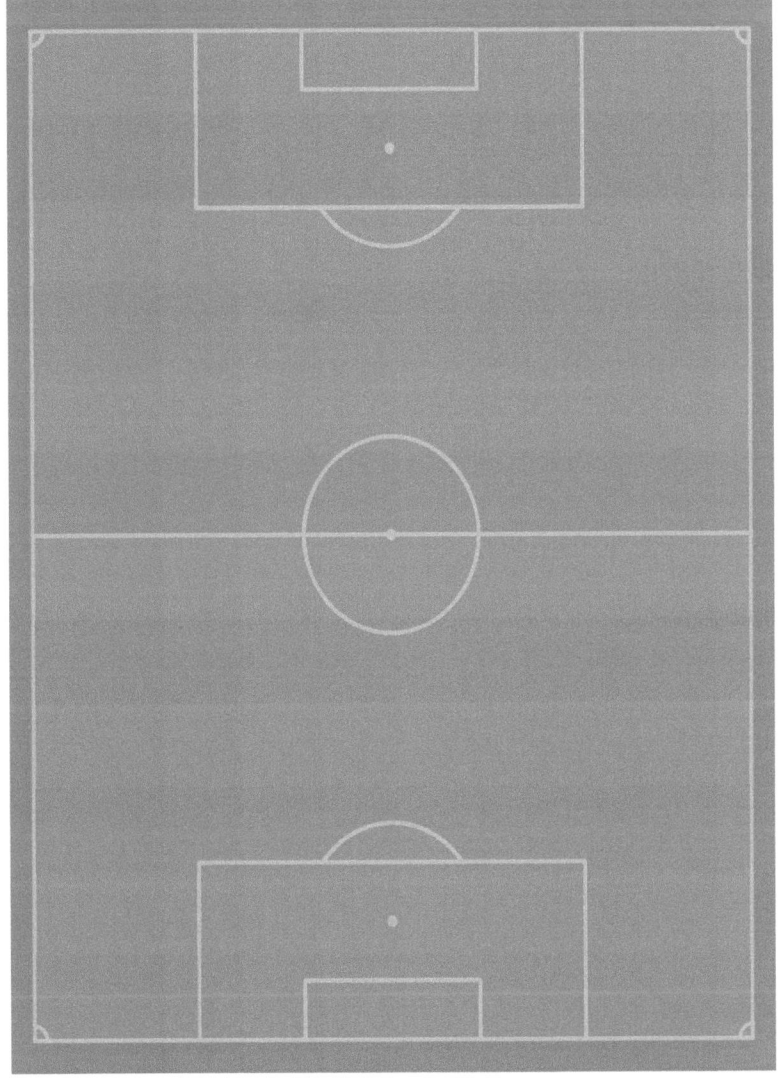

Tore/Vorlagen

Spielstand	Torschütze	Vorlage	SM

Auswechslungen:

SM	ausgewechselt	eingewechselt

Verwarnungen:

SM	GK/G-R/RK	Spieler	Grund

bes. Ereignisse:

Spielbericht:

Spieldatum: _____ **Anstoßzeit:** _____ : _____

☐ **Liga** ☐ **Pokal** **Spieltag/Runde:** _____

☐ **Testspiel** _____

Spielort: _____

Begegnung: _____ - _____

Ergebnis: _____ : _____

(Halbzeit) (_____ : _____)

Aufstellung:

Nr.	Name	Min▼	GK	G-R	RK	Note

Bank:

Nr.	Name	Min▲	GK	G-R	RK	Note

Taktische Aufstellung

Spielsystem: _____

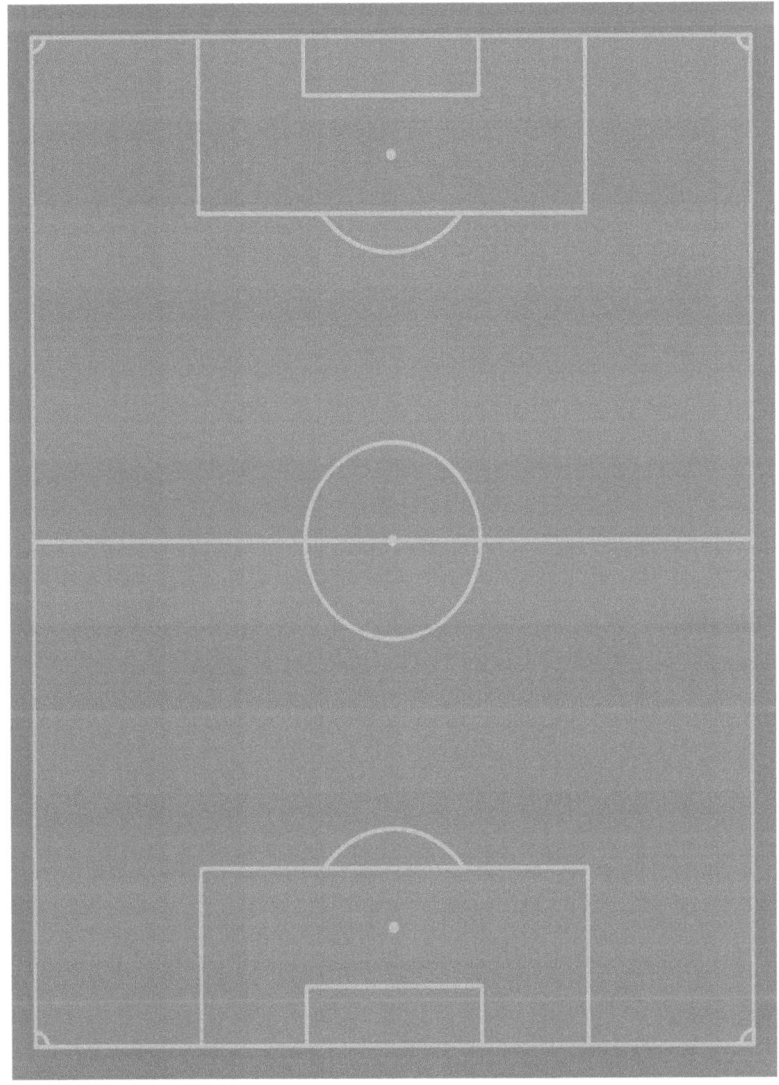

Tore/Vorlagen

Spielstand	Torschütze	Vorlage	SM

Auswechslungen:

SM	ausgewechselt	eingewechselt

Verwarnungen:

SM	GK/G-R/RK	Spieler	Grund

bes. Ereignisse:

Spielbericht:

Spieldatum: _____   **Anstoßzeit:** _____ : _____

☐ **Liga**   ☐ **Pokal**   **Spieltag/Runde:** _____

☐ **Testspiel**   ☐   _____

Spielort: _____

Begegnung: _____ - _____

Ergebnis: :

(Halbzeit)   (:   )

Aufstellung:

Nr.	Name	Min▼	GK	G-R	RK	Note

Bank:

Nr.	Name	Min▲	GK	G-R	RK	Note

Taktische Aufstellung

Spielsystem: _____

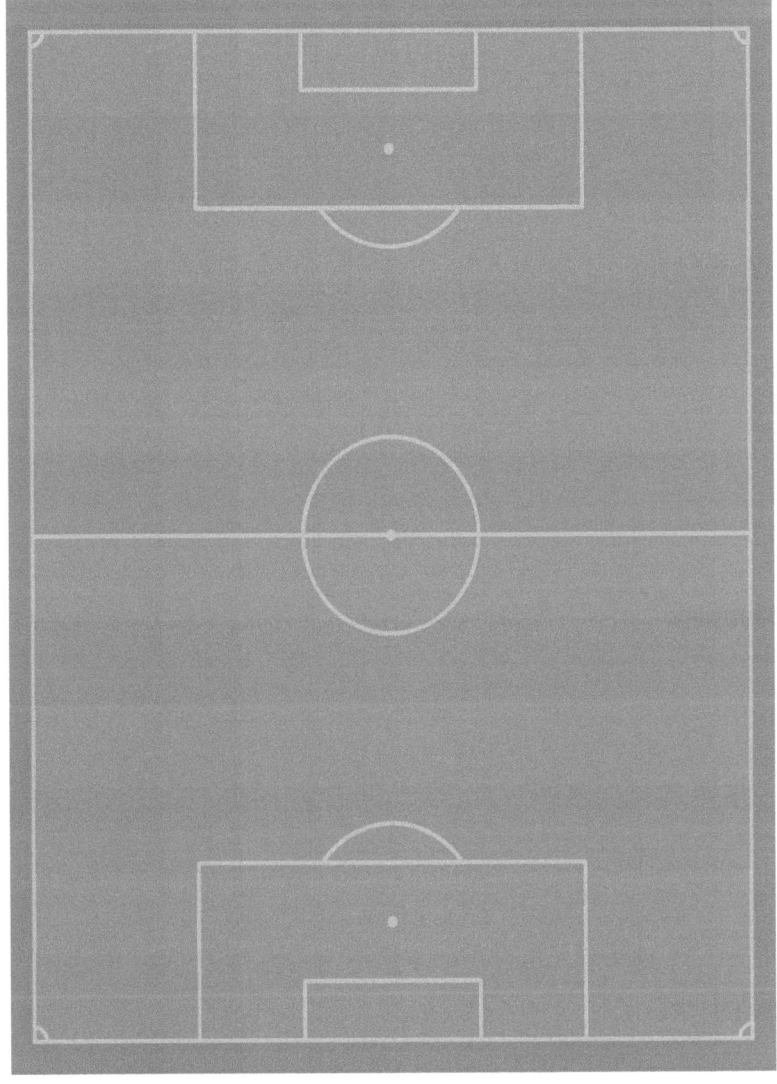

Tore/Vorlagen

Spielstand	Torschütze	Vorlage	SM

Auswechslungen:

SM	ausgewechselt	eingewechselt

Verwarnungen:

SM	GK/G-R/RK	Spieler	Grund

bes. Ereignisse:

<u>Spielbericht:</u>

Spieldatum: _____ **Anstoßzeit:** _____ : _____

☐ **Liga** ☐ **Pokal** **Spieltag/Runde:** _____

☐ **Testspiel** ☐ _____

Spielort: _____

Begegnung: _____ - _____

Ergebnis: :

(Halbzeit) (:)

Aufstellung:

Nr.	Name	Min▼	GK	G-R	RK	Note

Bank:

Nr.	Name	Min▲	GK	G-R	RK	Note

Taktische Aufstellung

Spielsystem: _____

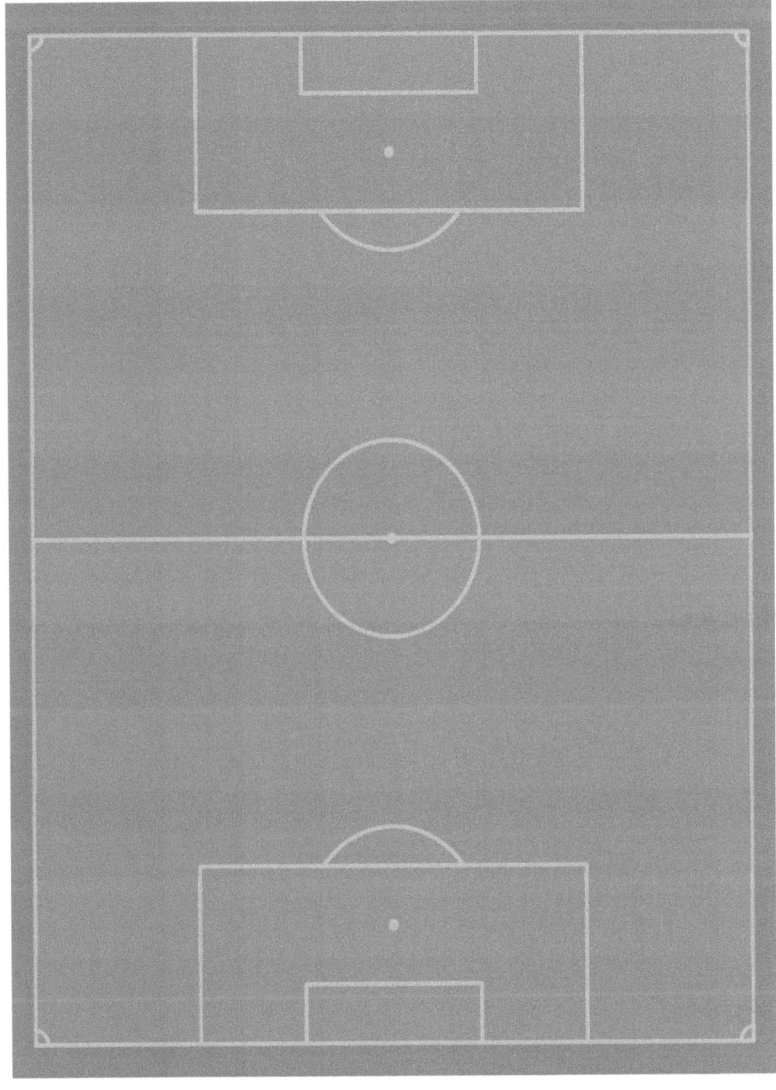

Tore/Vorlagen

Spielstand	Torschütze	Vorlage	SM

Auswechslungen:

SM	ausgewechselt	eingewechselt

Verwarnungen:

SM	GK/G-R/RK	Spieler	Grund

bes. Ereignisse:

Spielbericht:

Spieldatum: _____ **Anstoßzeit:** _____ : _____

☐ **Liga**   ☐ **Pokal**   **Spieltag/Runde:** _____

☐ **Testspiel**   ☐   _____

Spielort: _____

Begegnung: _____ - _____

Ergebnis: :

(Halbzeit) (:)

Aufstellung:

Nr.	Name	Min▼	GK	G-R	RK	Note

Bank:

Nr.	Name	Min▲	GK	G-R	RK	Note

Taktische Aufstellung

Spielsystem: _____

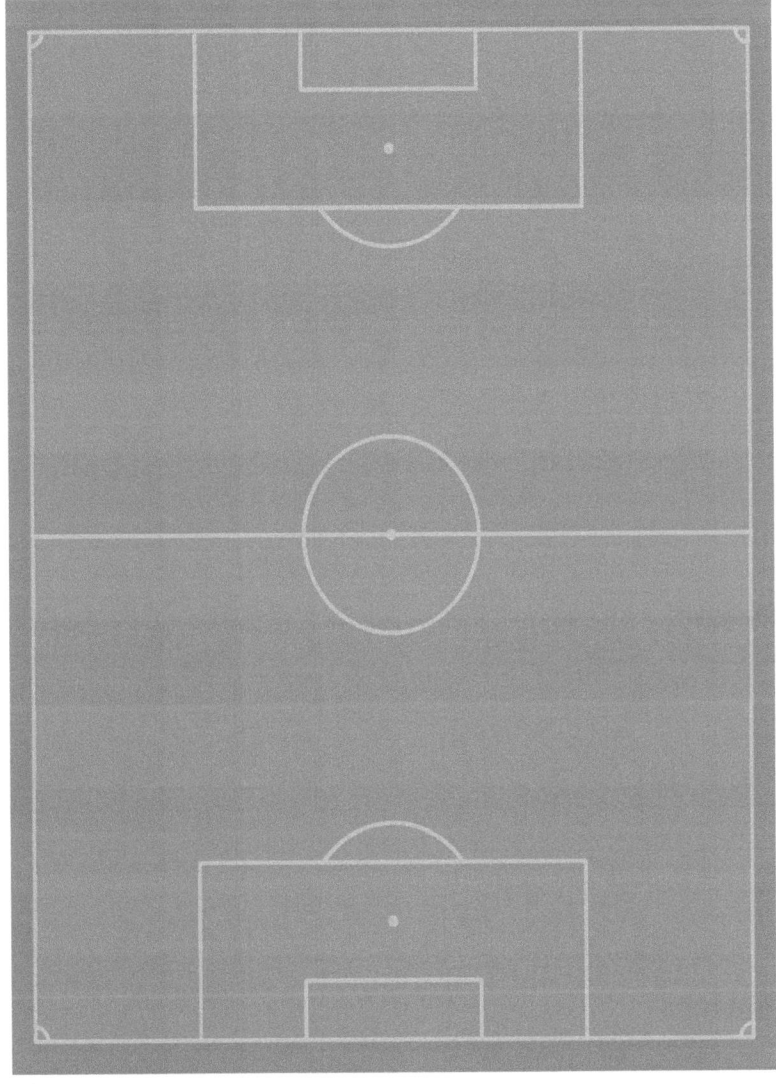

Tore/Vorlagen

Spielstand	Torschütze	Vorlage	SM

Auswechslungen:

SM	ausgewechselt	eingewechselt

Verwarnungen:

SM	GK/G-R/RK	Spieler	Grund

bes. Ereignisse:

116

Spielbericht:

Spieldatum: _____ **Anstoßzeit:** _____ : _____

☐ **Liga**   ☐ **Pokal**   **Spieltag/Runde:** _____

☐ **Testspiel**   _____

Spielort: _____

Begegnung: _____ - _____

Ergebnis: :
(Halbzeit)   (:   )

Aufstellung:

Nr.	Name	Min▼	GK	G-R	RK	Note

Bank:

Nr.	Name	Min▲	GK	G-R	RK	Note

Taktische Aufstellung

Spielsystem: _____

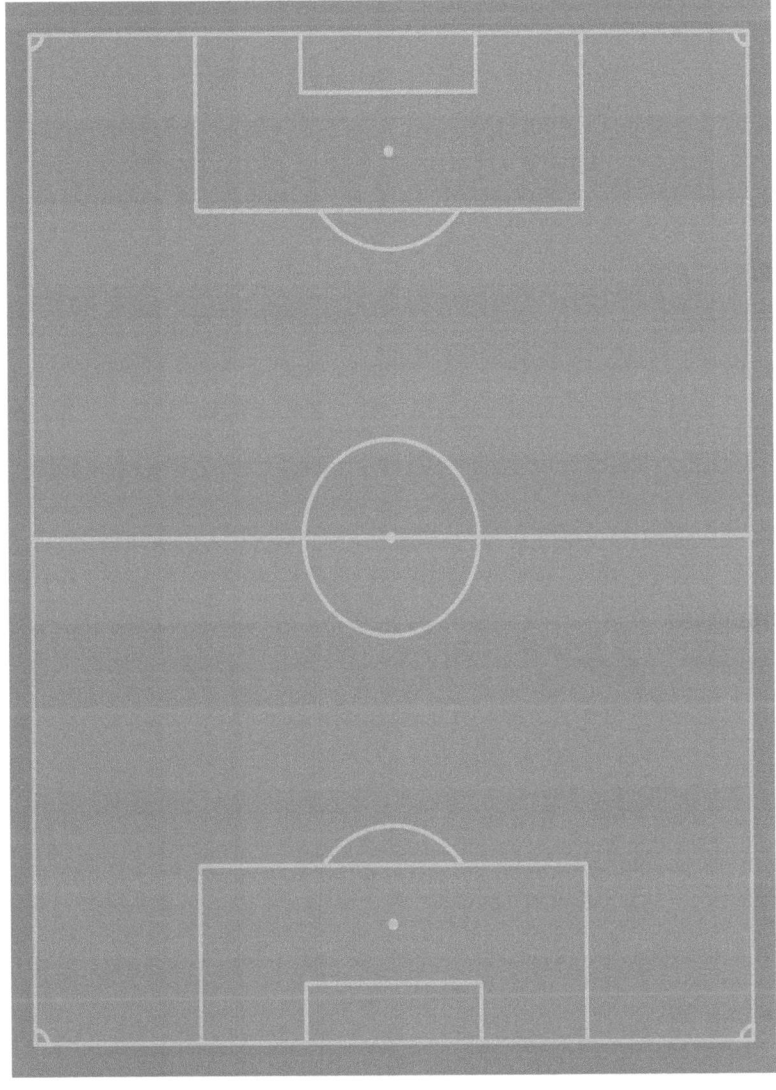

119

Tore/Vorlagen

Spielstand	Torschütze	Vorlage	SM

Auswechslungen:

SM	ausgewechselt	eingewechselt

Verwarnungen:

SM	GK/G-R/RK	Spieler	Grund

bes. Ereignisse:

_____

_____

_____

Spielbericht:

Spieldatum: _____   **Anstoßzeit:** _____ : _____

☐ **Liga**   ☐ **Pokal**   **Spieltag/Runde:** _____

☐ **Testspiel**   _____

Spielort: _____

Begegnung: _____ - _____

Ergebnis: _____ : _____

(Halbzeit) (_____ : _____)

Aufstellung:

Nr.	Name	Min▼	GK	G-R	RK	Note

Bank:

Nr.	Name	Min▲	GK	G-R	RK	Note

Taktische Aufstellung

Spielsystem: _____

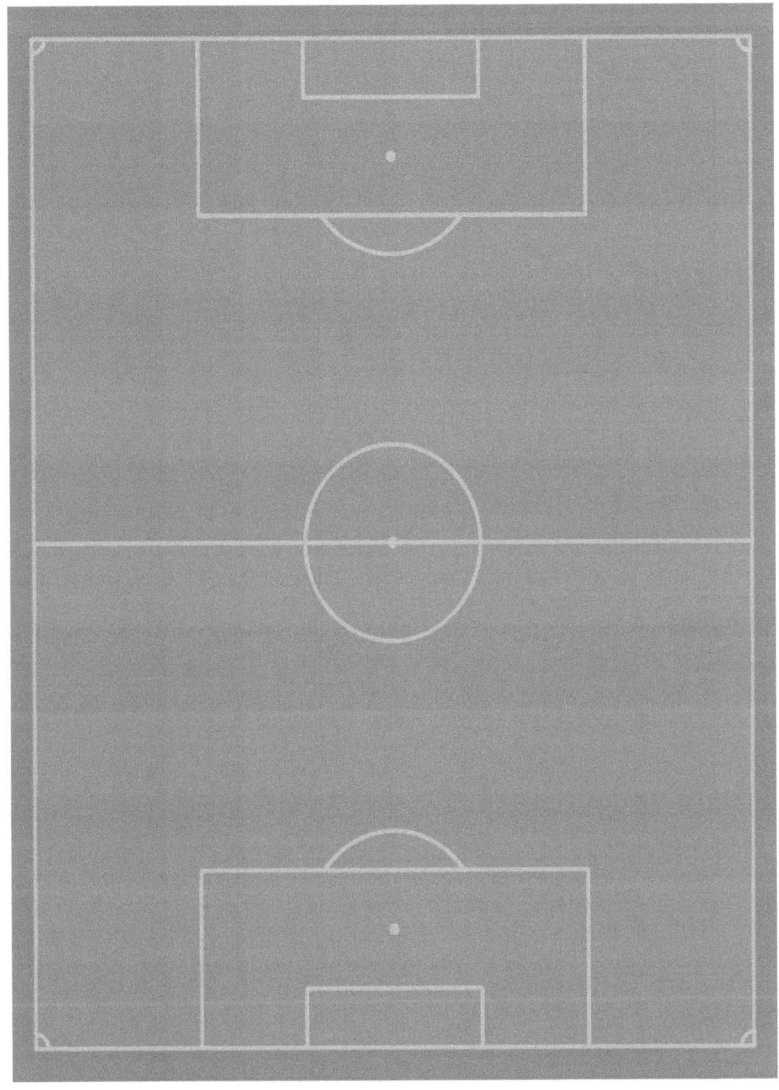

Tore/Vorlagen

Spielstand	Torschütze	Vorlage	SM

Auswechslungen:

SM	ausgewechselt	eingewechselt

Verwarnungen:

SM	GK/G-R/RK	Spieler	Grund

bes. Ereignisse:

124

Spielbericht:

Spieldatum: _____   **Anstoßzeit:** _____ : _____

☐ **Liga**   ☐ **Pokal**   **Spieltag/Runde:** _____

☐ **Testspiel**   ☐   _____

Spielort: _____

Begegnung: _____ - _____

Ergebnis: :

(Halbzeit)   (:   )

Aufstellung:

Nr.	Name	Min▼	GK	G-R	RK	Note

Bank:

Nr.	Name	Min▲	GK	G-R	RK	Note

126

Taktische Aufstellung

Spielsystem: _____

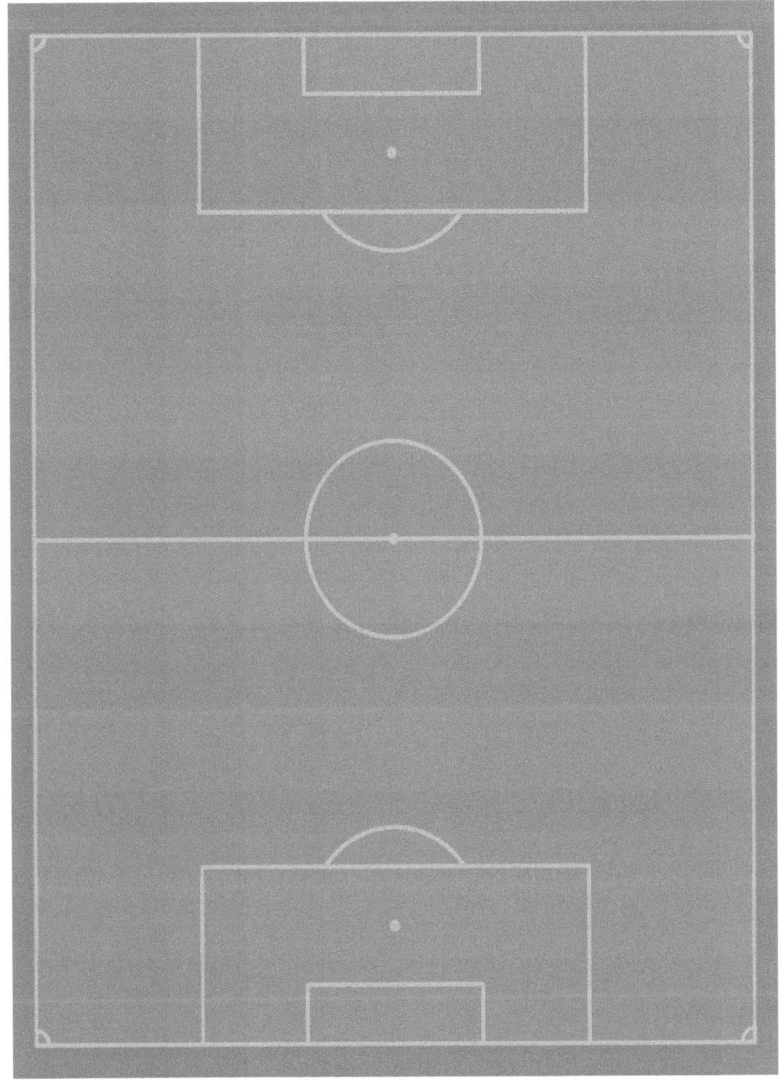

Tore/Vorlagen

Spielstand	Torschütze	Vorlage	SM

Auswechslungen:

SM	ausgewechselt	eingewechselt

Verwarnungen:

SM	GK/G-R/RK	Spieler	Grund

bes. Ereignisse:

128

Spielbericht:

Spieldatum: _____   **Anstoßzeit:** _____ : _____

☐ **Liga**   ☐ **Pokal**   **Spieltag/Runde:** _____

☐ **Testspiel**   ☐

_____

Spielort: _____

Begegnung: _____ - _____

Ergebnis: _____ : _____

(Halbzeit) (_____ : _____)

Aufstellung:

Nr.	Name	Min▼	GK	G-R	RK	Note

Bank:

Nr.	Name	Min▲	GK	G-R	RK	Note

Taktische Aufstellung

Spielsystem: _____

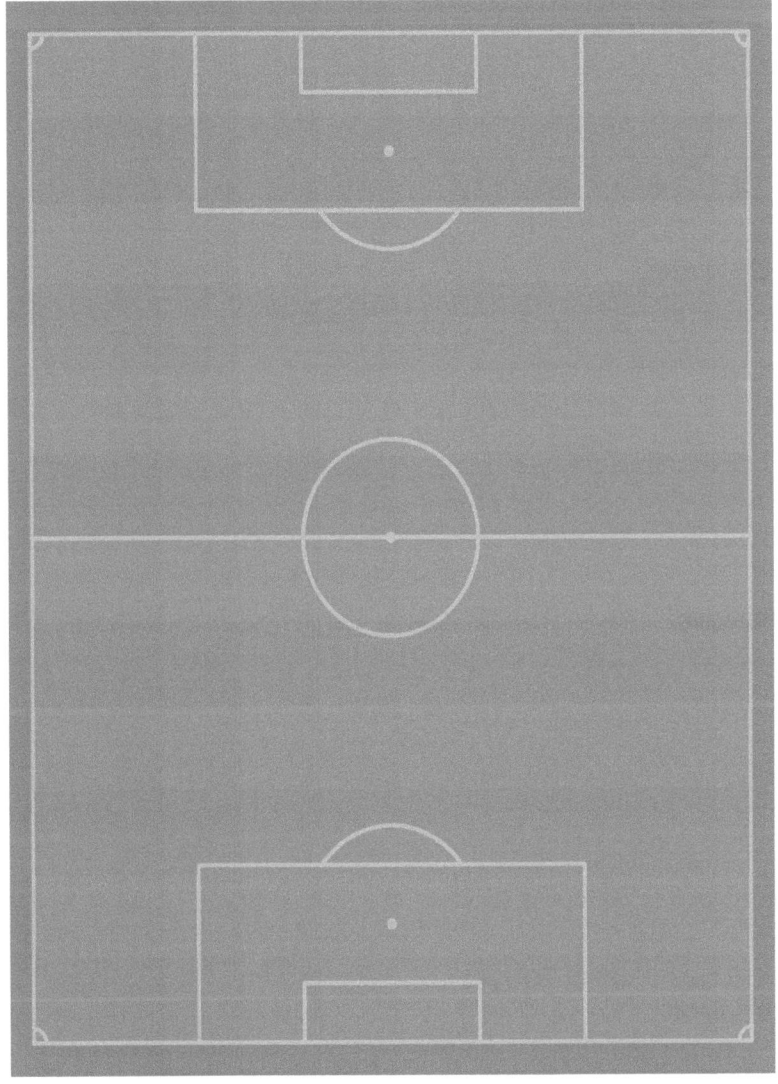

Tore/Vorlagen

Spielstand	Torschütze	Vorlage	SM

Auswechslungen:

SM	ausgewechselt	eingewechselt

Verwarnungen:

SM	GK/G-R/RK	Spieler	Grund

bes. Ereignisse:

_____

_____

_____

Spielbericht:

Spieldatum: _____ **Anstoßzeit:** _____ : _____

☐ **Liga**   ☐ **Pokal**   **Spieltag/Runde:** _____

☐ **Testspiel** ☐ _____

Spielort: _____

Begegnung: _____ - _____

Ergebnis: :

(Halbzeit) (:)

Aufstellung:

Nr.	Name	Min▼	GK	G-R	RK	Note

Bank:

Nr.	Name	Min▲	GK	G-R	RK	Note

Taktische Aufstellung

Spielsystem: _____

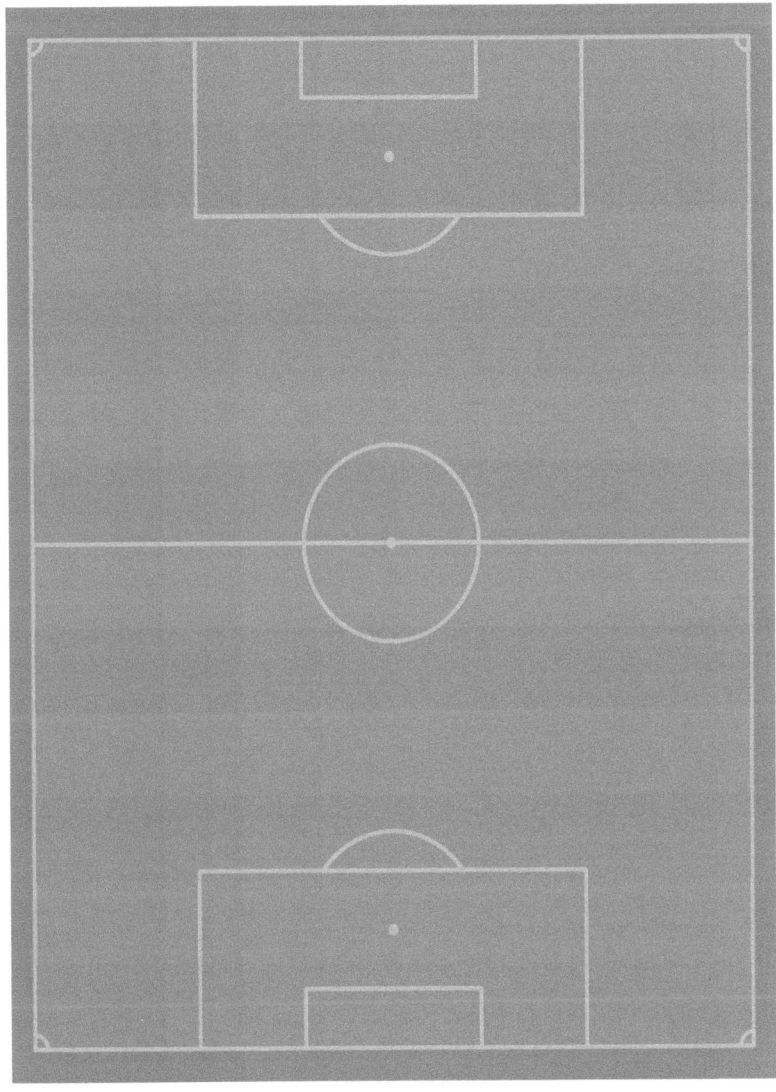

Tore/Vorlagen

Spielstand	Torschütze	Vorlage	SM

Auswechslungen:

SM	ausgewechselt	eingewechselt

Verwarnungen:

SM	GK/G-R/RK	Spieler	Grund

bes. Ereignisse:

_____

_____

_____

136

Spielbericht:

Spieldatum: _____   **Anstoßzeit:** _____ : _____

☐ **Liga**   ☐ **Pokal**   **Spieltag/Runde:** _____

☐ **Testspiel**   ☐   _____

Spielort: _____

Begegnung: _____ - _____

Ergebnis: _____ : _____

(Halbzeit) (_____ : _____)

Aufstellung:

Nr.	Name	Min▼	GK	G-R	RK	Note

Bank:

Nr.	Name	Min▲	GK	G-R	RK	Note

138

Taktische Aufstellung

Spielsystem: _____

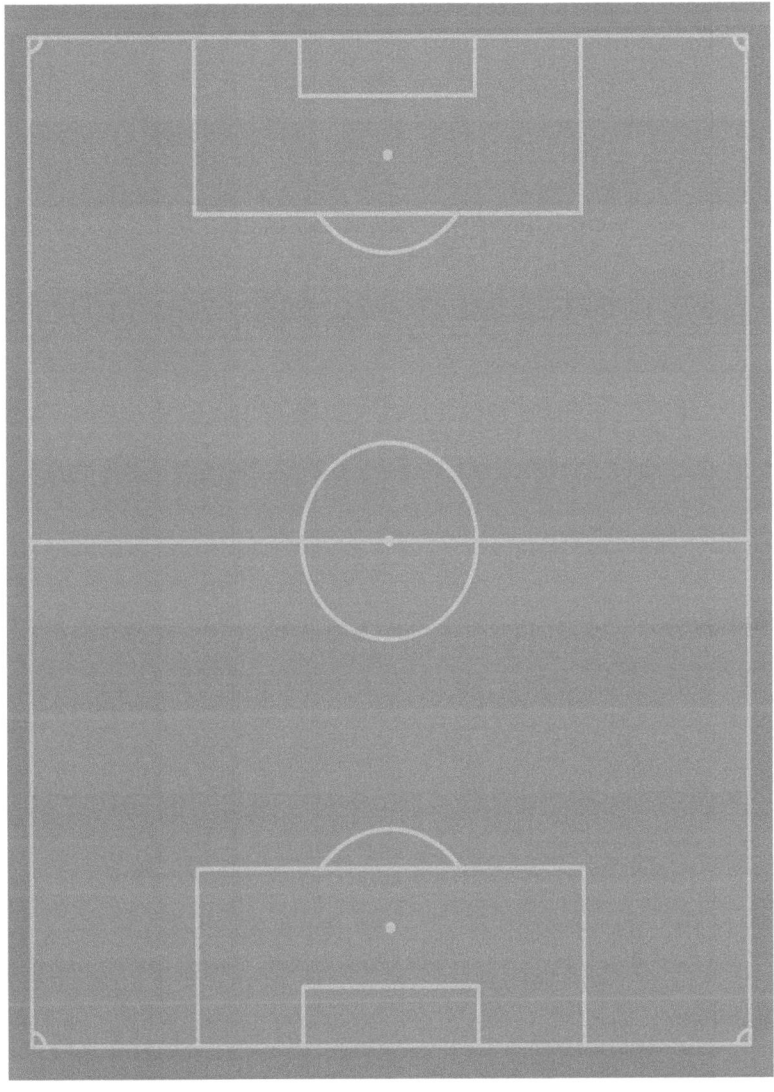

Tore/Vorlagen

Spielstand	Torschütze	Vorlage	SM

Auswechslungen:

SM	ausgewechselt	eingewechselt

Verwarnungen:

SM	GK/G-R/RK	Spieler	Grund

bes. Ereignisse:

_____

_____

_____

140

Spielbericht:

Spieldatum: _____ **Anstoßzeit:** _____ : _____

☐ **Liga** ☐ **Pokal** **Spieltag/Runde:** _____

☐ **Testspiel** ☐ _____

Spielort: _____

Begegnung: _____ - _____

Ergebnis: :

(Halbzeit) (:)

Aufstellung:

Nr.	Name	Min▼	GK	G-R	RK	Note

Bank:

Nr.	Name	Min▲	GK	G-R	RK	Note

Taktische Aufstellung

Spielsystem: _____

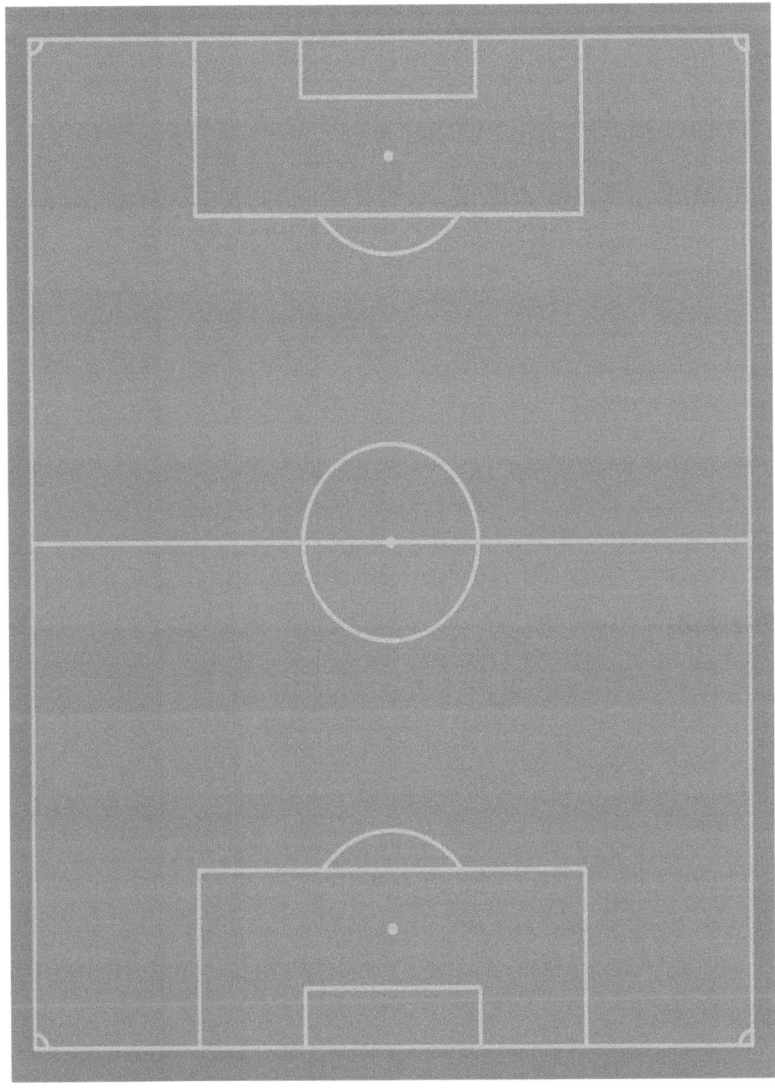

Tore/Vorlagen

Spielstand	Torschütze	Vorlage	SM

Auswechslungen:

SM	ausgewechselt	eingewechselt

Verwarnungen:

SM	GK/G-R/RK	Spieler	Grund

bes. Ereignisse:

<u>Spielbericht:</u>

Spieldatum: _____   **Anstoßzeit:** _____ : _____

☐ **Liga**   ☐ **Pokal**   **Spieltag/Runde:** _____

☐ **Testspiel** ☐ _____

Spielort: _____

Begegnung: _____ - _____

Ergebnis: :

(Halbzeit) (:)

Aufstellung:

Nr.	Name	Min▼	GK	G-R	RK	Note

Bank:

Nr.	Name	Min▲	GK	G-R	RK	Note

146

Taktische Aufstellung

Spielsystem: _____

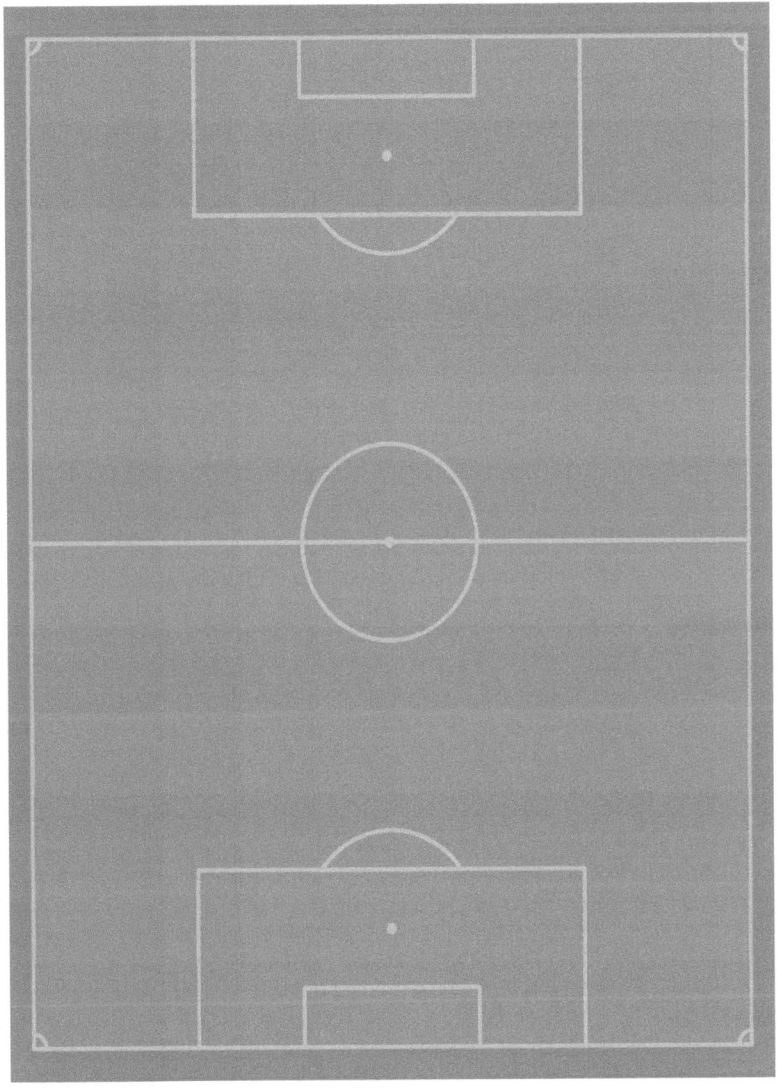

Tore/Vorlagen

Spielstand	Torschütze	Vorlage	SM

Auswechslungen:

SM	ausgewechselt	eingewechselt

Verwarnungen:

SM	GK/G-R/RK	Spieler	Grund

bes. Ereignisse:

Spielbericht:

Spieldatum: _____ **Anstoßzeit:** ____ : ____

☐ **Liga** ☐ **Pokal** **Spieltag/Runde:** ____

☐ **Testspiel** ☐ _____

Spielort: _____

Begegnung: _____ - _____

Ergebnis: ____ : ____

(Halbzeit) (____ : ____)

Aufstellung:

Nr.	Name	Min▼	GK	G-R	RK	Note

Bank:

Nr.	Name	Min▲	GK	G-R	RK	Note

Taktische Aufstellung

Spielsystem: _____

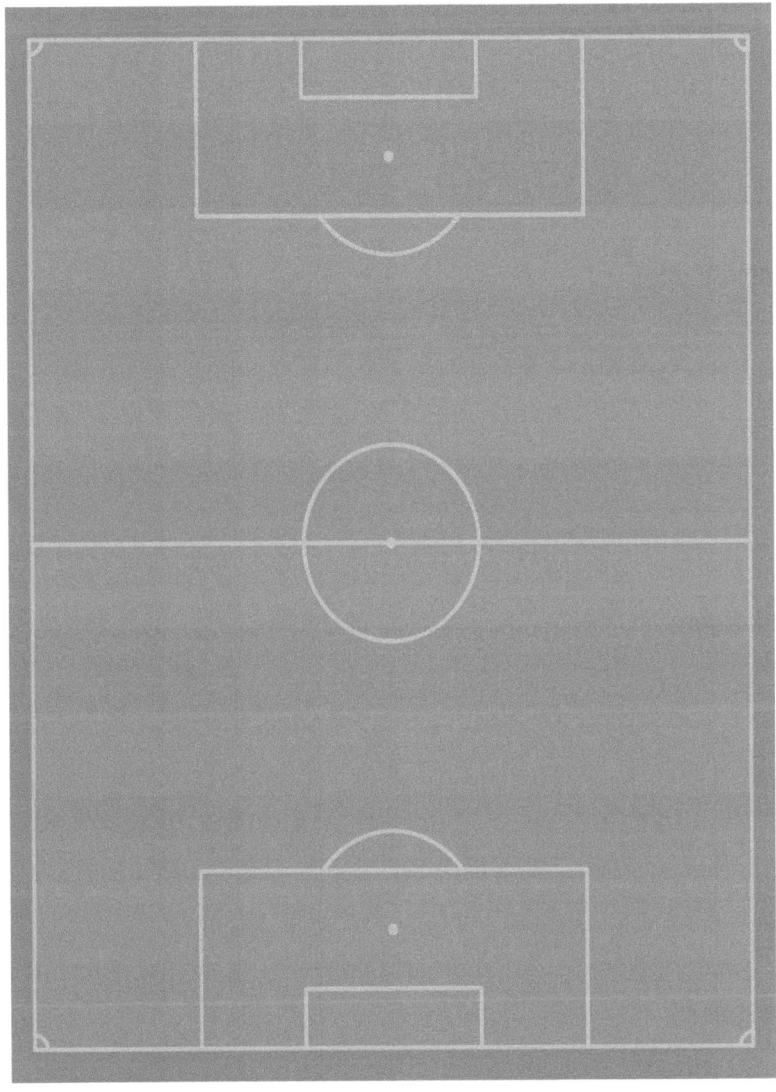

Tore/Vorlagen

Spielstand	Torschütze	Vorlage	SM

Auswechslungen:

SM	ausgewechselt	eingewechselt

Verwarnungen:

SM	GK/G-R/RK	Spieler	Grund

bes. Ereignisse:

Spielbericht:

Spieldatum: _____   **Anstoßzeit:** _____ : _____

☐ **Liga**   ☐ **Pokal**   **Spieltag/Runde:** _____

☐ **Testspiel**   _____

Spielort: _____

Begegnung: _____ - _____

Ergebnis: :

(Halbzeit)   (:   )

Aufstellung:

Nr.	Name	Min▼	GK	G-R	RK	Note

Bank:

Nr.	Name	Min▲	GK	G-R	RK	Note

Taktische Aufstellung

Spielsystem: _____

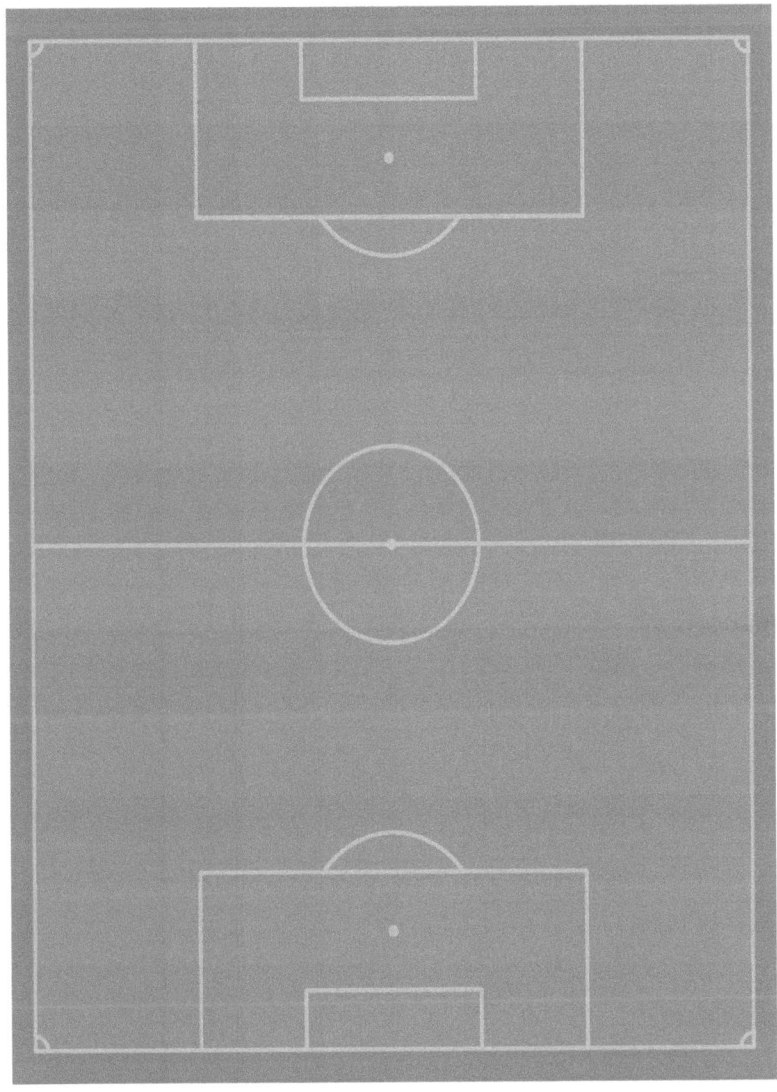

Tore/Vorlagen

Spielstand	Torschütze	Vorlage	SM

Auswechslungen:

SM	ausgewechselt	eingewechselt

Verwarnungen:

SM	GK/G-R/RK	Spieler	Grund

bes. Ereignisse:

156

Spielbericht:

Spieldatum: _____ **Anstoßzeit:** _____ : _____

☐ **Liga** ☐ **Pokal** **Spieltag/Runde:** _____

☐ **Testspiel** _____

Spielort: _____

Begegnung: _____ - _____

Ergebnis: _____ : _____

(Halbzeit) (_____ : _____)

Aufstellung:

Nr.	Name	Min▼	GK	G-R	RK	Note

Bank:

Nr.	Name	Min▲	GK	G-R	RK	Note

Taktische Aufstellung

Spielsystem: _____

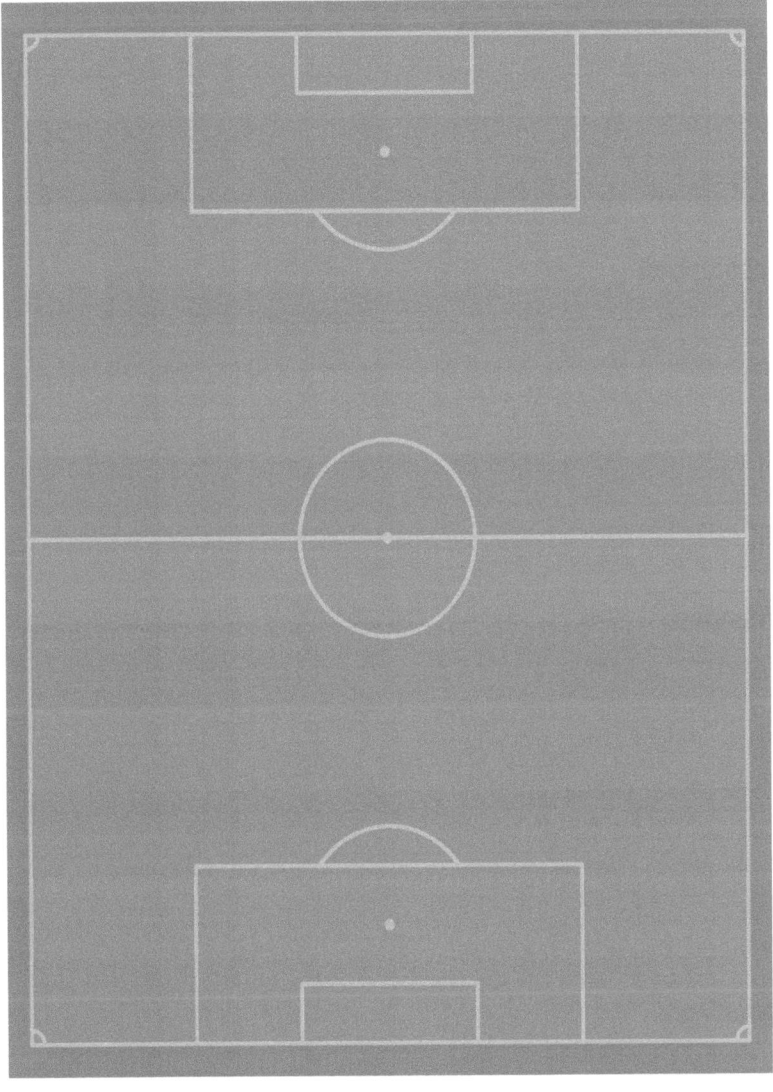

Tore/Vorlagen

Spielstand	Torschütze	Vorlage	SM

Auswechslungen:

SM	ausgewechselt	eingewechselt

Verwarnungen:

SM	GK/G-R/RK	Spieler	Grund

bes. Ereignisse:

_____

_____

_____

Spielbericht:

Spieldatum: _____   **Anstoßzeit:** _____ : _____

☐ **Liga**   ☐ **Pokal**   **Spieltag/Runde:** _____

☐ **Testspiel** ☐   _____

Spielort: _____

Begegnung: _____ - _____

Ergebnis: _____ : _____

(Halbzeit) (:   )

Aufstellung:

Nr.	Name	Min▼	GK	G-R	RK	Note

Bank:

Nr.	Name	Min▲	GK	G-R	RK	Note

Taktische Aufstellung

Spielsystem: _____

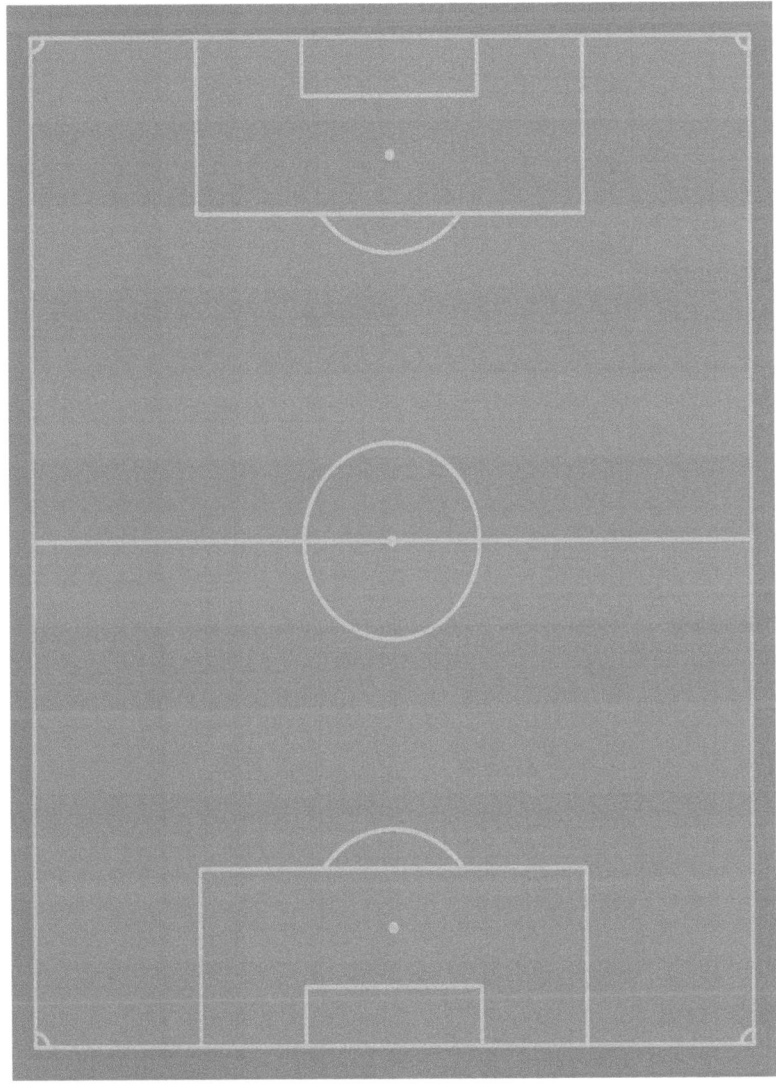

Tore/Vorlagen

Spielstand	Torschütze	Vorlage	SM

Auswechslungen:

SM	ausgewechselt	eingewechselt

Verwarnungen:

SM	GK/G-R/RK	Spieler	Grund

bes. Ereignisse:

_____

_____

_____

164

<u>Spielbericht:</u>

Spieldatum: _____   **Anstoßzeit:** _____ : _____

☐ **Liga**   ☐ **Pokal**   **Spieltag/Runde:** _____

☐ **Testspiel**   ☐   _____

Spielort: _____

Begegnung: _____ - _____

Ergebnis: :
(Halbzeit)   (:   )

Aufstellung:

Nr.	Name	Min▼	GK	G-R	RK	Note

Bank:

Nr.	Name	Min▲	GK	G-R	RK	Note

Taktische Aufstellung

Spielsystem: _____

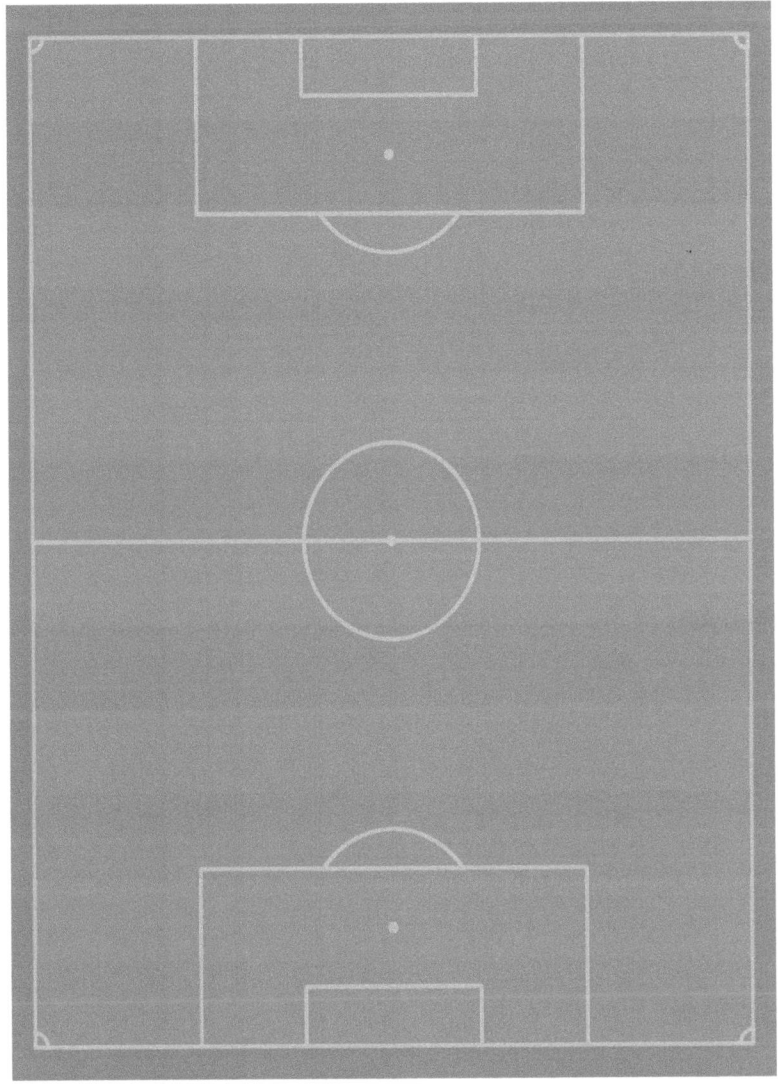

Tore/Vorlagen

Spielstand	Torschütze	Vorlage	SM

Auswechslungen:

SM	ausgewechselt	eingewechselt

Verwarnungen:

SM	GK/G-R/RK	Spieler	Grund

bes. Ereignisse:

_____

_____

_____

Spielbericht:

Spieldatum: _____　　**Anstoßzeit:** _____ : _____

☐ **Liga**　　☐ **Pokal**　　**Spieltag/Runde:** _____

☐ **Testspiel**　　☐ _____

Spielort: _____

Begegnung: _____ - _____

Ergebnis: 　　　　　 :

(Halbzeit) 　　　(　　 : 　　)

Aufstellung:

Nr.	Name	Min▼	GK	G-R	RK	Note

Bank:

Nr.	Name	Min▲	GK	G-R	RK	Note

Taktische Aufstellung

Spielsystem: _____

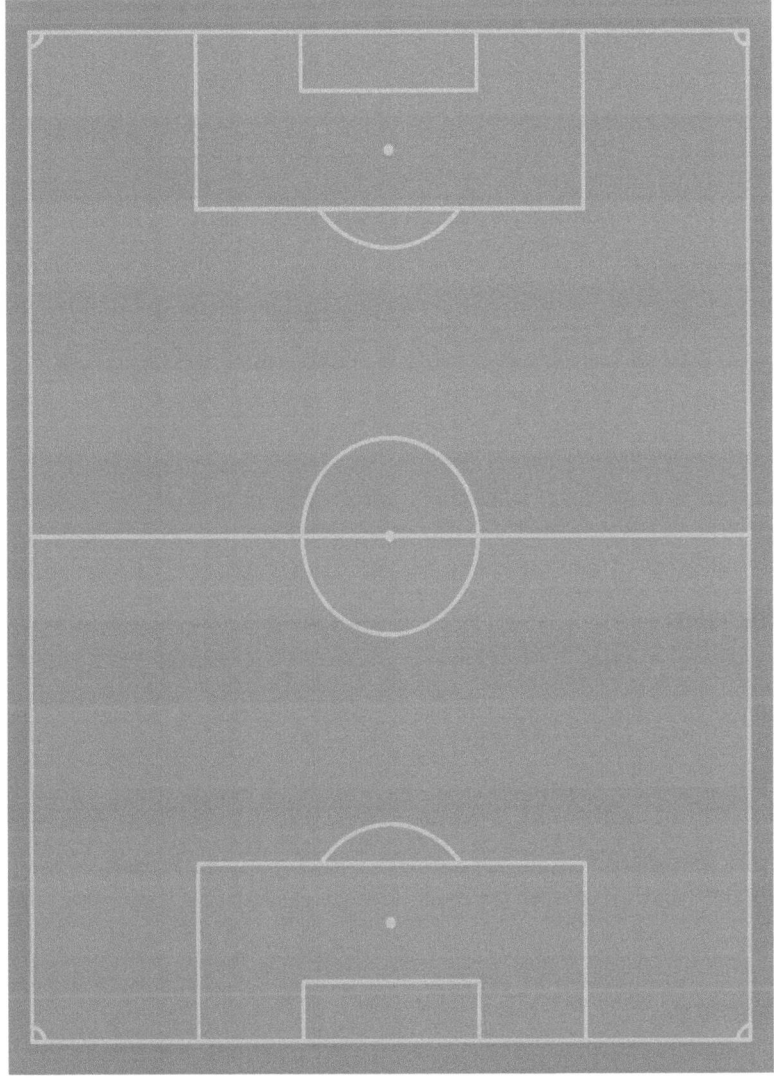

Tore/Vorlagen

Spielstand	Torschütze	Vorlage	SM

Auswechslungen:

SM	ausgewechselt	eingewechselt

Verwarnungen:

SM	GK/G-R/RK	Spieler	Grund

bes. Ereignisse:

Spielbericht:

Spieldatum: _____   **Anstoßzeit:** _____ : _____

☐ **Liga**   ☐ **Pokal**   **Spieltag/Runde:** _____

☐ **Testspiel**   _____

Spielort: _____

Begegnung: _____ - _____

Ergebnis: :

(Halbzeit)   (:   )

Aufstellung:

Nr.	Name	Min▼	GK	G-R	RK	Note

Bank:

Nr.	Name	Min▲	GK	G-R	RK	Note

Taktische Aufstellung

Spielsystem: _____

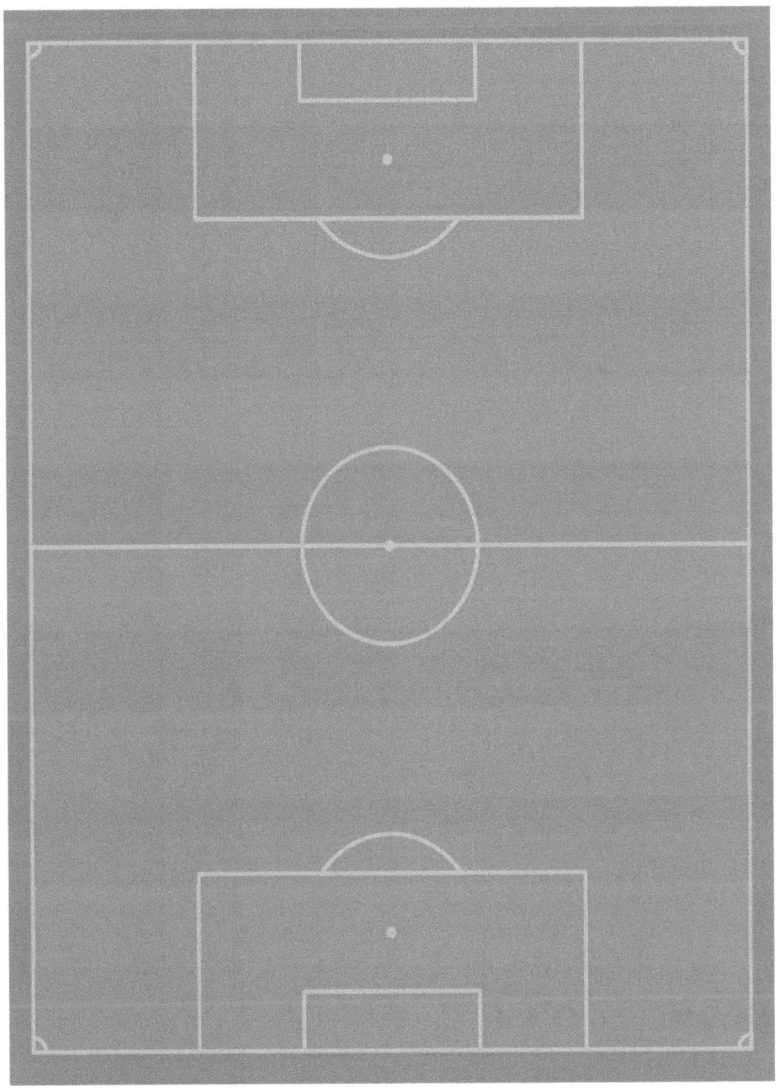

175

Tore/Vorlagen

Spielstand	Torschütze	Vorlage	SM

Auswechslungen:

SM	ausgewechselt	eingewechselt

Verwarnungen:

SM	GK/G-R/RK	Spieler	Grund

bes. Ereignisse:

Spielbericht:

Spieldatum: _____   **Anstoßzeit:** _____ : _____

☐ **Liga**   ☐ **Pokal**   **Spieltag/Runde:** _____

☐ **Testspiel**   ☐   _____

Spielort: _____

Begegnung: _____ - _____

Ergebnis: :

(Halbzeit)   (:   )

Aufstellung:

Nr.	Name	Min▼	GK	G-R	RK	Note

Bank:

Nr.	Name	Min▲	GK	G-R	RK	Note

Taktische Aufstellung

Spielsystem: _____

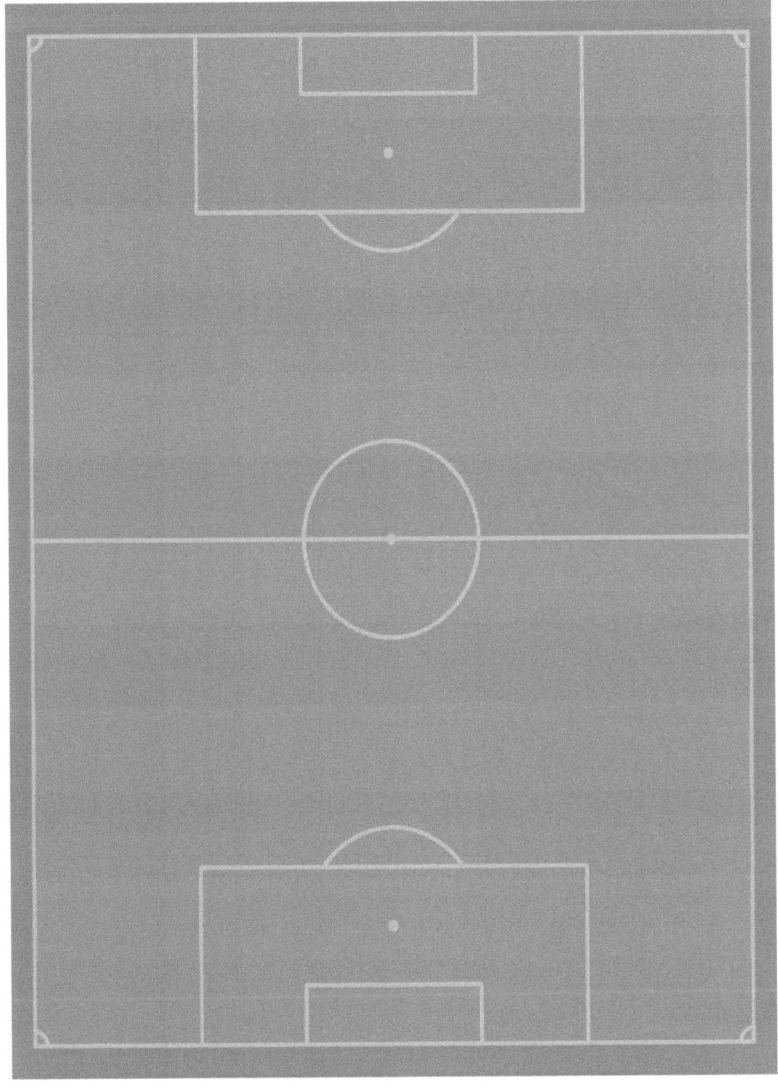

Tore/Vorlagen

Spielstand	Torschütze	Vorlage	SM

Auswechslungen:

SM	ausgewechselt	eingewechselt

Verwarnungen:

SM	GK/G-R/RK	Spieler	Grund

bes. Ereignisse:

180

Spielbericht:

Spieldatum: _____   **Anstoßzeit:** _____ : _____

☐ **Liga**   ☐ **Pokal**   **Spieltag/Runde:** _____

☐ **Testspiel**   _____

Spielort: _____

Begegnung: _____ - _____

Ergebnis: :

(Halbzeit) (:)

Aufstellung:

Nr.	Name	Min▼	GK	G-R	RK	Note

Bank:

Nr.	Name	Min▲	GK	G-R	RK	Note

Taktische Aufstellung

Spielsystem: _____

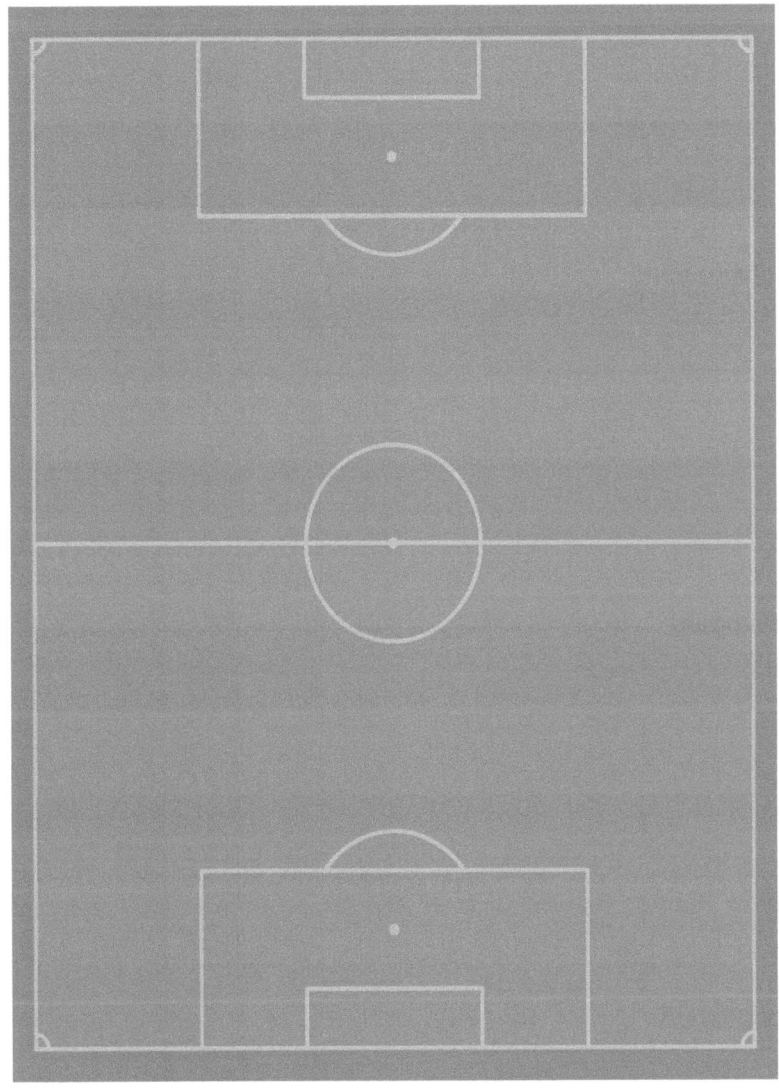

Tore/Vorlagen

Spielstand	Torschütze	Vorlage	SM

Auswechslungen:

SM	ausgewechselt	eingewechselt

Verwarnungen:

SM	GK/G-R/RK	Spieler	Grund

bes. Ereignisse:

Spielbericht:

Spieldatum: _____ **Anstoßzeit:** _____ : _____

☐ **Liga** ☐ **Pokal** **Spieltag/Runde:** _____

☐ **Testspiel** ☐ _____

Spielort: _____

Begegnung: _____ - _____

Ergebnis: :

(Halbzeit)   (:   )

Aufstellung:

Nr.	Name	Min▼	GK	G-R	RK	Note

Bank:

Nr.	Name	Min▲	GK	G-R	RK	Note

Taktische Aufstellung

Spielsystem: _____

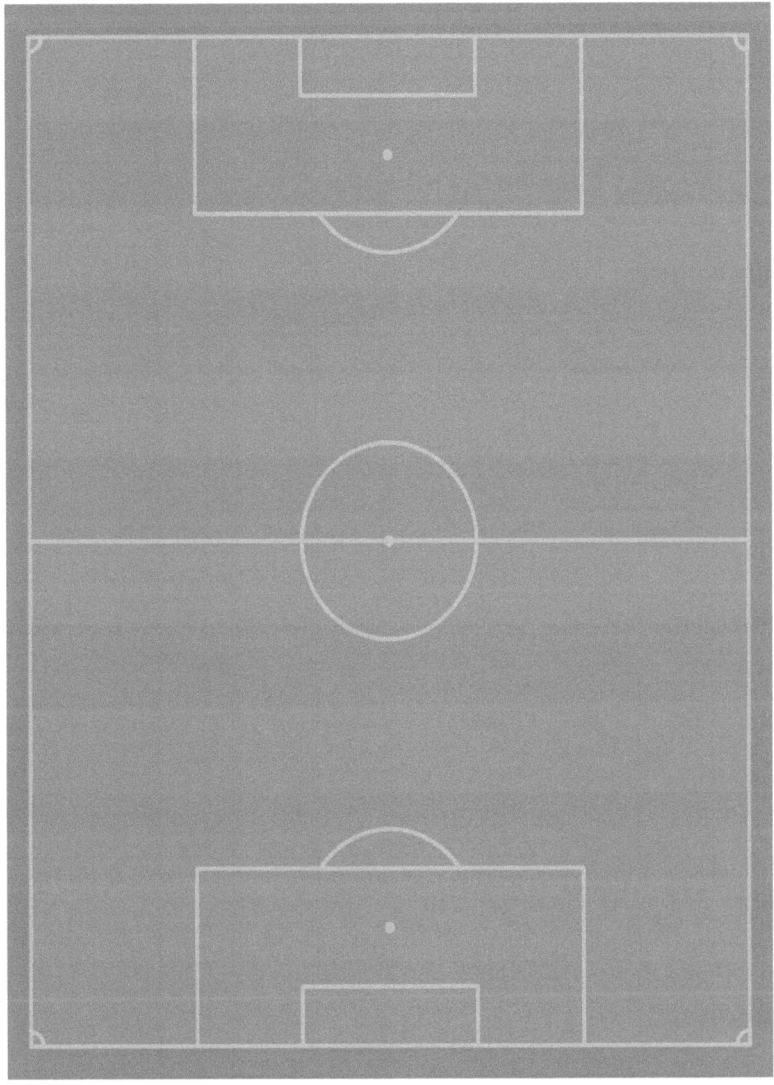

Tore/Vorlagen

Spielstand	Torschütze	Vorlage	SM

Auswechslungen:

SM	ausgewechselt	eingewechselt

Verwarnungen:

SM	GK/G-R/RK	Spieler	Grund

bes. Ereignisse:

_____

_____

_____

<u>Spielbericht:</u>

Spieldatum: _____   **Anstoßzeit:** _____ : _____

☐ **Liga**   ☐ **Pokal**   **Spieltag/Runde:** _____

☐ **Testspiel**   _____

Spielort: _____

Begegnung: _____ - _____

Ergebnis: :

(Halbzeit)   (:   )

Aufstellung:

Nr.	Name	Min▼	GK	G-R	RK	Note

Bank:

Nr.	Name	Min▲	GK	G-R	RK	Note

__Taktische Aufstellung__

Spielsystem: _____

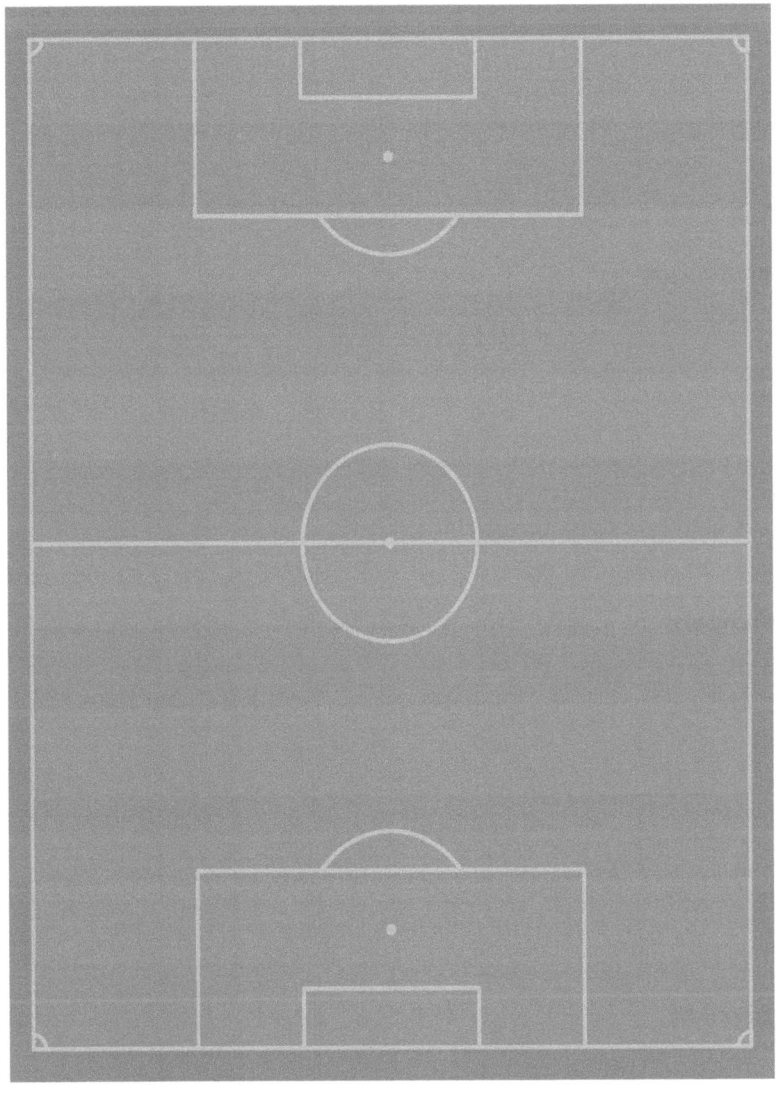

191

Tore/Vorlagen

Spielstand	Torschütze	Vorlage	SM

Auswechslungen:

SM	ausgewechselt	eingewechselt

Verwarnungen:

SM	GK/G-R/RK	Spieler	Grund

bes. Ereignisse:

192

Spielbericht:

Spieldatum: _____ **Anstoßzeit:** _____ : _____

☐ **Liga** ☐ **Pokal** **Spieltag/Runde:** _____

☐ **Testspiel** ☐ _____

Spielort: _____

Begegnung: _____ - _____

Ergebnis: :

(Halbzeit) (:)

Aufstellung:

Nr.	Name	Min▼	GK	G-R	RK	Note

Bank:

Nr.	Name	Min▲	GK	G-R	RK	Note

Taktische Aufstellung

Spielsystem: _____

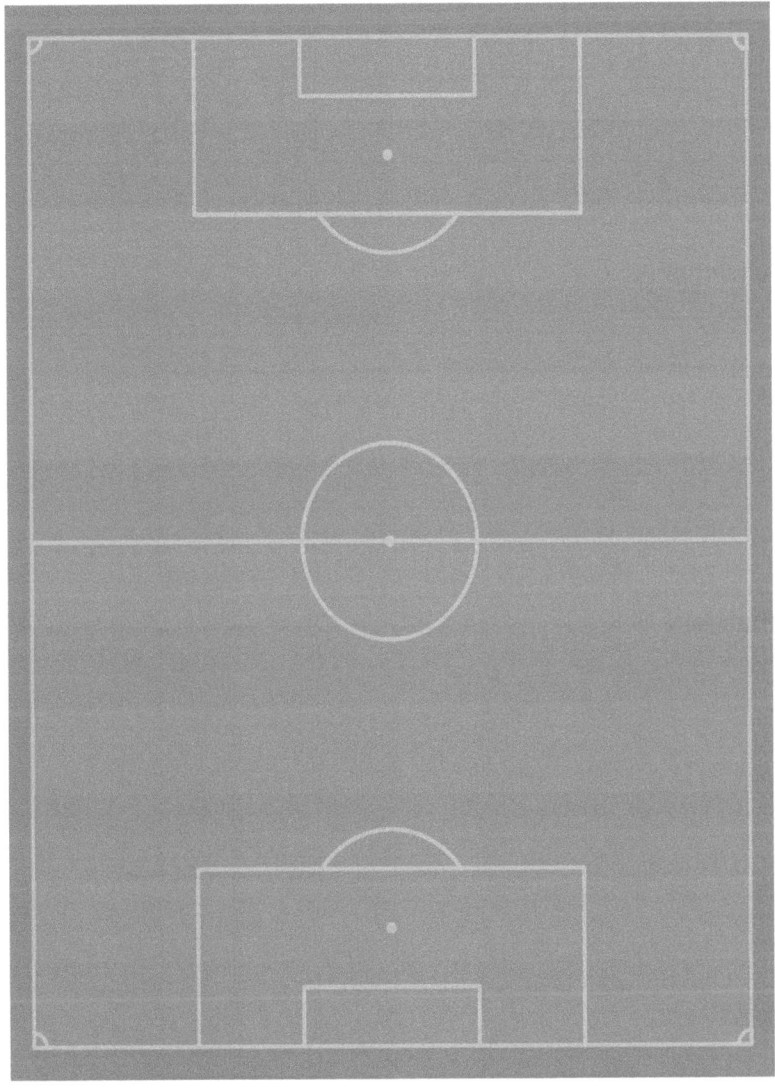

Tore/Vorlagen

Spielstand	Torschütze	Vorlage	SM

Auswechslungen:

SM	ausgewechselt	eingewechselt

Verwarnungen:

SM	GK/G-R/RK	Spieler	Grund

bes. Ereignisse:

196

Spielbericht:

Spieldatum: _____   **Anstoßzeit:** _____ : _____

☐ **Liga**   ☐ **Pokal**   **Spieltag/Runde:** _____

☐ **Testspiel** ☐ _____

Spielort: _____

Begegnung: _____ - _____

Ergebnis: :

(Halbzeit)   (:   )

Aufstellung:

Nr.	Name	Min▼	GK	G-R	RK	Note

Bank:

Nr.	Name	Min▲	GK	G-R	RK	Note

Taktische Aufstellung

Spielsystem: _____

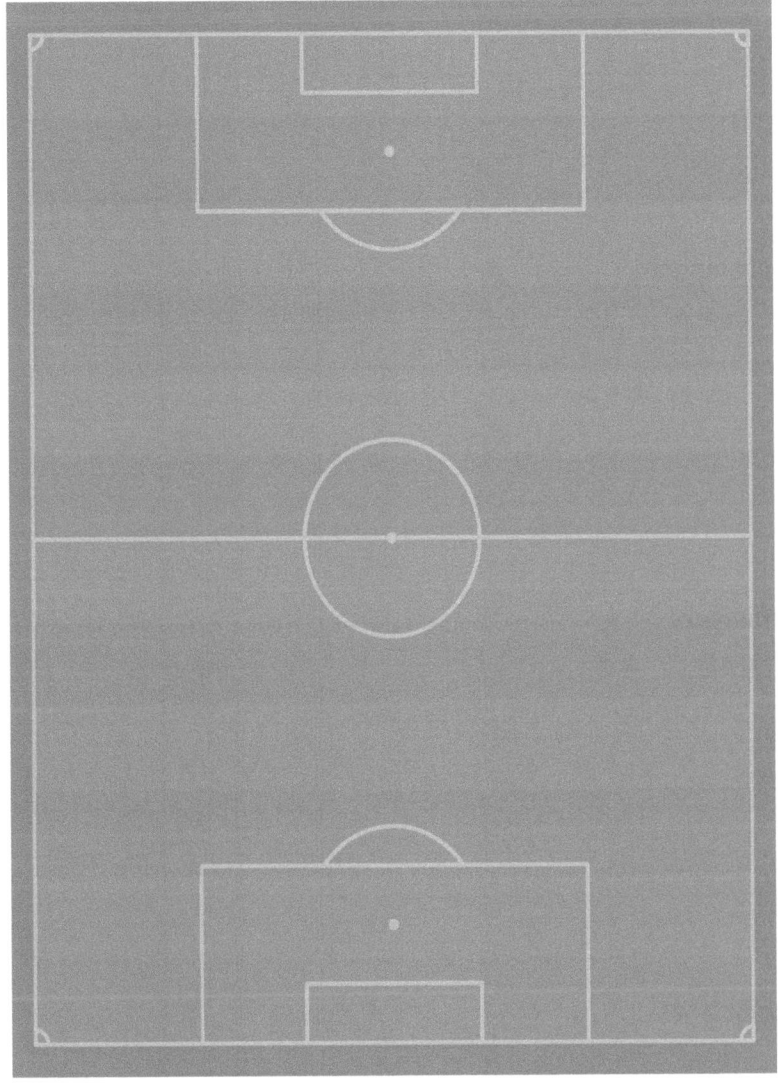

Tore/Vorlagen

Spielstand	Torschütze	Vorlage	SM

Auswechslungen:

SM	ausgewechselt	eingewechselt

Verwarnungen:

SM	GK/G-R/RK	Spieler	Grund

bes. Ereignisse:

Spielbericht:

Spieldatum: _____ **Anstoßzeit:** _____ : _____

☐ **Liga** ☐ **Pokal** **Spieltag/Runde:** _____

☐ **Testspiel** ☐ _____

Spielort: _____

Begegnung: _____ - _____

Ergebnis: :

(Halbzeit) (:)

Aufstellung:

Nr.	Name	Min▼	GK	G-R	RK	Note

Bank:

Nr.	Name	Min▲	GK	G-R	RK	Note

Taktische Aufstellung

Spielsystem: _____

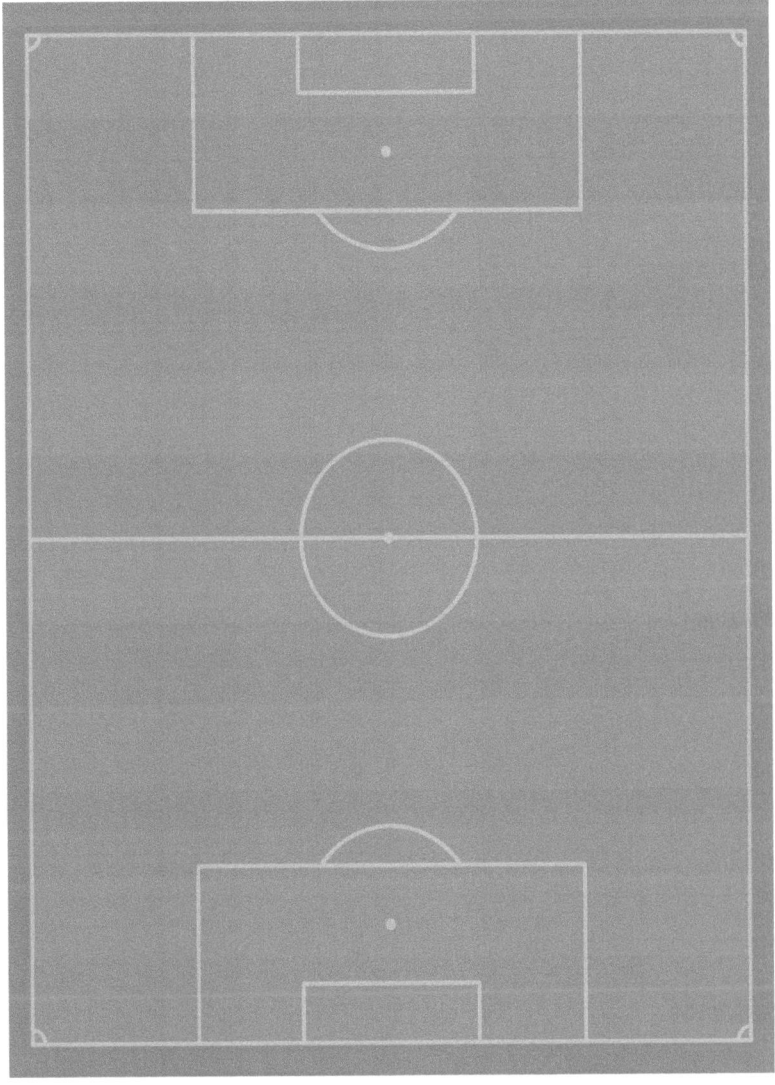

Tore/Vorlagen

Spielstand	Torschütze	Vorlage	SM

Auswechslungen:

SM	ausgewechselt	eingewechselt

Verwarnungen:

SM	GK/G-R/RK	Spieler	Grund

bes. Ereignisse:

Spielbericht:

Spieldatum: _____   **Anstoßzeit:** _____ : _____

☐ **Liga**   ☐ **Pokal**   **Spieltag/Runde:** _____

☐ **Testspiel** ☐   _____

Spielort: _____

Begegnung: _____ - _____

Ergebnis: :
(Halbzeit)   (:   )

Aufstellung:

Nr.	Name	Min▼	GK	G-R	RK	Note

Bank:

Nr.	Name	Min▲	GK	G-R	RK	Note

Taktische Aufstellung

Spielsystem: _____

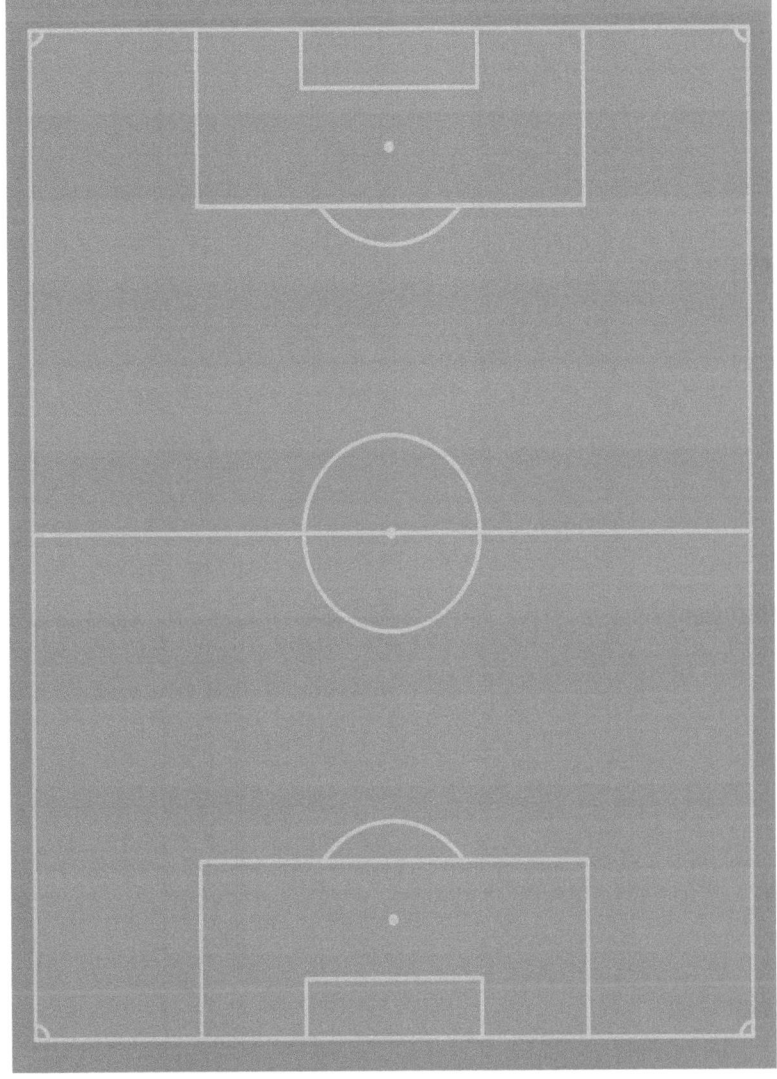

207

Tore/Vorlagen

Spielstand	Torschütze	Vorlage	SM

Auswechslungen:

SM	ausgewechselt	eingewechselt

Verwarnungen:

SM	GK/G-R/RK	Spieler	Grund

bes. Ereignisse:

Spielbericht:

Spieldatum: _____   **Anstoßzeit:** _____ : _____

☐ **Liga**   ☐ **Pokal**   **Spieltag/Runde:** _____

☐ **Testspiel**   _____

Spielort: _____

Begegnung: _____ - _____

Ergebnis: _____ : _____

(Halbzeit) (_____ : _____)

Aufstellung:

Nr.	Name	Min▼	GK	G-R	RK	Note

Bank:

Nr.	Name	Min▲	GK	G-R	RK	Note

Taktische Aufstellung

Spielsystem: _____

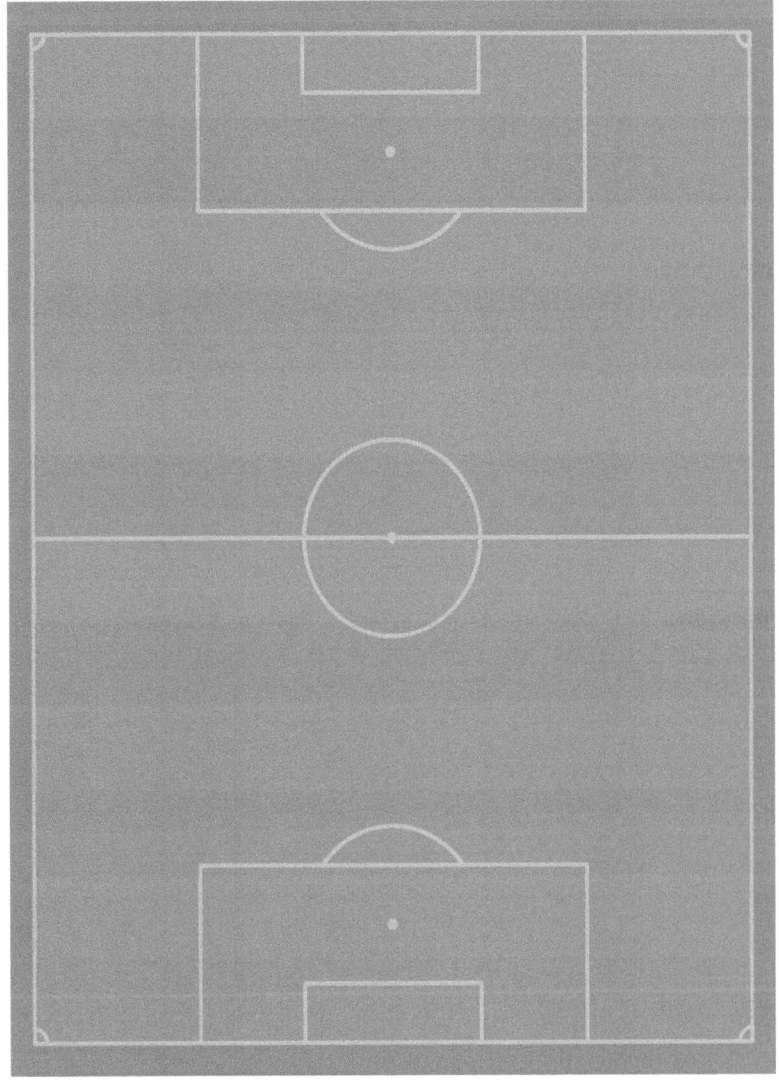

Tore/Vorlagen

Spielstand	Torschütze	Vorlage	SM

Auswechslungen:

SM	ausgewechselt	eingewechselt

Verwarnungen:

SM	GK/G-R/RK	Spieler	Grund

bes. Ereignisse:

Spielbericht:

Spieldatum: _____   **Anstoßzeit:** _____ : _____

☐ **Liga**   ☐ **Pokal**   **Spieltag/Runde:** _____

☐ **Testspiel**   ☐ _____

Spielort: _____

Begegnung: _____ - _____

Ergebnis: _____ : _____

(Halbzeit) (_____ : _____)

Aufstellung:

Nr.	Name	Min▼	GK	G-R	RK	Note

Bank:

Nr.	Name	Min▲	GK	G-R	RK	Note

Taktische Aufstellung

Spielsystem: _____

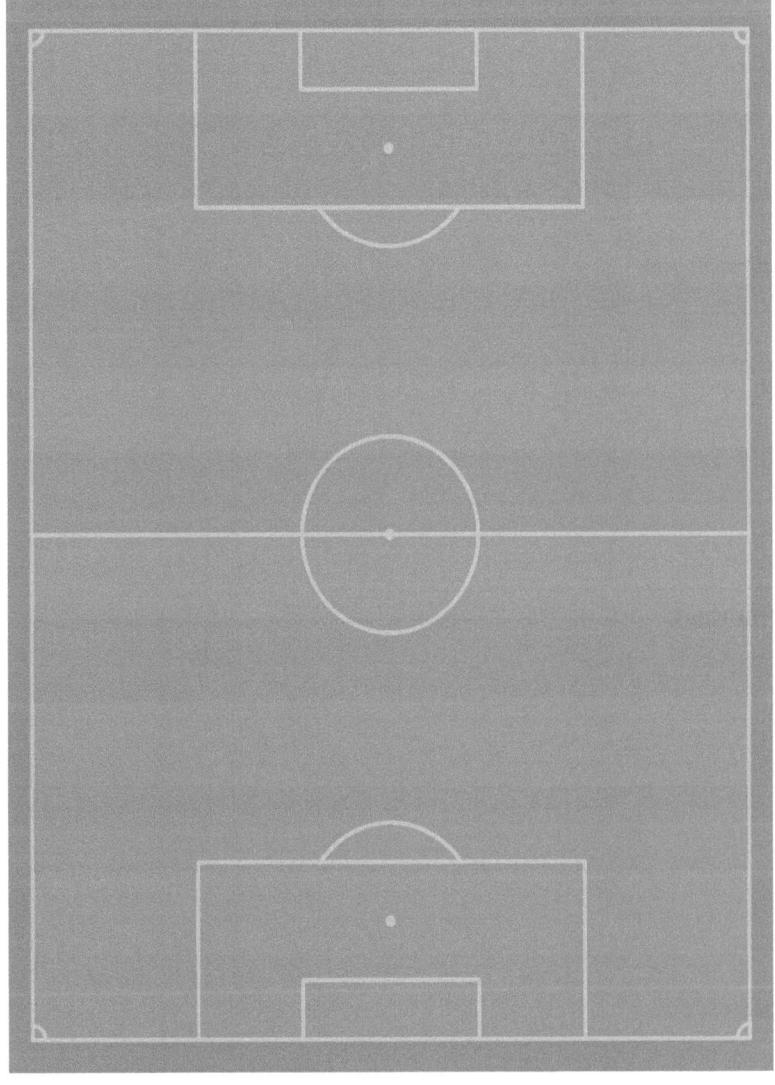

Tore/Vorlagen

Spielstand	Torschütze	Vorlage	SM

Auswechslungen:

SM	ausgewechselt	eingewechselt

Verwarnungen:

SM	GK/G-R/RK	Spieler	Grund

bes. Ereignisse:

216

<u>Spielbericht:</u>

Einzelspieler-Saisonstatistik

Anleitung Einzelspieler-Saisonstatistik

Der Sinn dieser Statistik liegt darin, sich auf einen Blick eine Übersicht über die Gesamtleistung aller einzelnen Teamspieler innerhalb einer ganzen Saison verschaffen zu können. Pflegen Sie diese Zusammenfassungen über Jahre hinweg, werden Sie zudem imstande sein, binnen Minuten Statistiken über ganze Spielerkarrieren zu erstellen.

Beginnen Sie mit dem Ausfüllen der Einzelspieler-Saisonstatistik, indem Sie die Spieler inklusive ihrer jeweiligen Rückennummern und Positionen eintragen. Bei Spielern, die keine feste Rückennummer haben, vergeben Sie entsprechend sinnvolle Nummern, beispielsweise die vorzugsweise vergebene Nummer für den jeweiligen Spieler. Bei der Eintragung der Position können Sie selbst entscheiden, wie spezifisch Sie diese vornehmen möchten. Möchten Sie lediglich eine grobe Einteilung nach Mannschaftsteilen vornehmen, genügen Bezeichnungen wie: „T" oder „TW" für Torwart, „A" für Abwehrspieler, „M" für Mittelfeldspieler und „S" für Stürmer. Ziehen Sie eine differenziertere Positionsbeschreibung vor, dann bieten sich Abkürzungen wie: „IV" für Innenverteidiger, „LV" für linker Verteidiger usw. an. Sie haben die freie Auswahl.

Die weiteren Spalten stehen für:

„i A" = im Aufgebot
Hier zählt jede Anwesenheit als Spieler bei einem Pflichtspiel, unabhängig davon, ob ein Einsatz erfolgt ist oder nicht.

„Sp" = Spieleinsätze
Anzahl von Spieleinsätzen, unabhängig davon, ob Startelf oder nicht.

„Ein" = Einwechslungen
Anzahl der Einwechslungen des Spielers.

„Aus" = Auswechslungen
Anzahl der Auswechslungen des Spielers.

220

„SM" = Spielminuten
Summe der Einsatzzeiten des Spielers in Spielminuten.

„T" = Tore
Erzielte Tore (Tore in Elfmeterschießen bei Pokalspielen werden hier üblicherweise nicht berücksichtigt).

„V" = Vorlagen
Direkte Torvorlagen durch den Spieler.

„S" = Scorerpunkte
Summe aus erzielten Toren und direkten Torvorlagen.

„GK", „G-R", „RK"
Anzahl der gegen den Spieler ausgesprochenen jeweiligen Strafkarten: Gelbe Karten, Gelb-Rot und Rote Karten.

„Note Ø" = Durchschnittsnote
Der Notendurchschnitt aus den für den Spieler vergebenen Spielnoten.

„+/-" = Differenzwert
Tordifferenz der Mannschaft bei Anwesenheit des Spielers auf dem Platz.

Hierzu ein Beispiel:
Ihre Mannschaft liegt 0:4 zurück. Sie wechseln einen Spieler aus, am Ende verliert Ihre Mannschaft mit 2:4. Der beim Spielstand von 0:4 ausgewechselte Spieler erhält an diesem Spieltag eine -4, denn diese Tordifferenz hatte die Mannschaft während seiner Anwesenheit auf dem Spielfeld. Während der Anwesenheit des eingewechselten Spielers dagegen erzielte die Mannschaft zwei Tore, kassierte aber keinen Gegentreffer. Seine Wertung liegt also bei +2. Alle anderen Spieler, die während des gesamten Spiels auf dem Platz standen, erhalten demnach eine -2.

Sie werden sehen: Dies ist eine sehr spannende Wertung, die manchmal die Mannschaftsdienlichkeit eines Spielers überhaupt erst zum Vorschein bringt!

Einzelspieler-Saisonstatistik

Nr.	Name, Vorname	Pos	iA	Sp	Ein	Aus	SM	T	V	S	GK	G-R	RK	Note Ø	+/-

Nr.	Name, Vorname	Pos	iA	Sp	Ein	Aus	SM	T	V	S	GK	G-R	RK	Note Ø	+/-

Ein paar Tipps zur Verwendung dieses Buches

Ordnen Sie die Reihenfolge Ihrer Spieler innerhalb der Saisonstatistik nach Positionen: Tor, Abwehr, Mittelfeld und Angriff. Außerdem kann es die Übersichtlichkeit verbessern, wenn Sie innerhalb dieser Ordnung die Spieler nach der Anzahl ihrer Einsätze ordnen.

Es empfiehlt sich, für die Einzelspieler-Saisonstatistik nur die Resultate von Pflichtspielen heranzuziehen, da die Berücksichtigung von Freundschaftsspielen häufig zu Verzerrungen führt.

Weiterhin empfiehlt es sich, außerhalb dieses Buches ein Notizbuch zu führen, in dem Sie auf einer separaten Seite für jeden einzelnen Spieler dessen Leistungen gemäß den Kategorien der Einzelspieler-Saisonstatistik nach jedem Spiel notieren. Auf diese Weise erstellen Sie die abschließende Statistik-Tabelle am Ende der Saison binnen weniger Minuten.

Nutzen Sie die vielfältigen Möglichkeiten, die sich für die Vereinsarbeit aus der Verwendung dieses Buches ergeben: „Ewige" Spielerstatistiken auf Mannschafts- und/oder Vereinsbasis und vollständige Mannschaftsarchive werden so möglich. Nutzen Sie die darin enthaltenen Daten für Urkunden bei Jubiläen oder Verabschiedungen von Spielern. Eine Dankesurkunde mit der Angabe von Spieleinsätzen, Toren, Vorlagen und weiteren repräsentativen Daten eines Spielers macht immer einen großartigen Eindruck und wird als Erinnerung in Ehren gehalten. Auch für Pressemitteilungen oder Berichte in der eigenen Vereinszeitung ist es von unschätzbarem Wert, zu wissen, welcher Spieler gerade seinen 100. Einsatz für den Verein absolviert oder aber sein 100. Tor für den Club erzielt hat.

Ich wünsche Ihnen viel Freude mit diesem einzigartigen Baustein Ihrer ganz individuellen Chronik.

Stefan S. Rizzo

225

Notizen

Notizen

Weitere Titel von Stefan S. Rizzo:

Starten mit Darten

Das ultimative Darts-Handbuch für Einsteiger und Hobbyspieler

mit einem Vorwort von Peter Ruffing

Das „Starten mit Darten" Trainingstagebuch

Die Trainingshilfe zum Buch

mit Tabellen und Diagrammen zum selbst eintragen